大学教育の在り方を問う

山田宣夫

東信堂

まえがき

よく知られているように、二〇〇八年の中央教育審議会答申『学士課程教育の構築に向けて』は、「今日の大学教育の改革は、国際的には、学生が修得すべき学習成果を明確化することにより、「何を教えるか」よりも「何ができるようになるか」に力点が置かれている」旨を指摘し、続けて、「このことは、教育内容以上に、教育方法の改善の重要性を意味する。」、と説いている。そして、二〇一二年の中教審答申『新たな未来を築くための大学教育の質的転換に向けて～生涯学び続け、主体的に考える力を育成する大学へ～』も、教育方法の在り方に着目し、「生涯にわたって学び続ける力、主体的に考える力を持った人材は、学生からみて受動的な教育の場では育成することができない。従来のような知識の伝達・注入を中心とした授業から、〔…〕学生が主体的に問題を発見し解を見いだしていく能動的学修（アクティブ・ラーニング）への転換が必要である。」、と訴えている。また後者の答申は、「学生の主体的な学びを確立し、学士課程教育の質を飛躍的に充実させる諸方策の始点として、学生の十分な質を伴った主体的な学修時間の実質的増加・確保が必要である。」、と結論づけている。

つまり、両答申は、全体として、卒業時までに「何ができるようになるか」という到達目標を明らかにし、その目標達成のための合理的手段としてアクティブ・ラーニングの手法を導入すべきこと、そして学生の主体的な学びの姿勢を身につけさせる手段として、学生の学修時間の増加を検討すべきことを提言しているのである。

しかし大学教育が本来果たすべき役割、あるいはそれが担うべき責任は何かということを改めて考えてみると、これらの提言は、大学教育の内容を不当に狭く制限してしまうのではないか、また大学教育の再構築の方向性を見誤らせる危険性を孕んでいるのではないか、という疑念がどうしても払拭できないのである。いつもながら決して呑込みのいい方ではない、そう自覚してきた、というよりもそのような自分でありたいと意識的に努力してきた私には。いまだに。

本書は、このような素朴な疑問から出発し、大学教育の今後向かうべき方向性を明らかにすることを目的に書いたものである。筆者は、ことばの研究という、基礎学問の陣営に属するきわめて地味な世界に身を委ねてきた者で、高等教育論の専門家ではない。しかし、大学教育の問題は、語弊を恐れずに敢えて言わせていただくと、教育学や高等教育論の専門家にお任せしておけば解決してもらえるような、生易しい問題ではもはやなくなっているのである。非専門家も含め広く大学教育に携わっているすべての者にとって切実な問題であり、関係者の叡智を結集して何とか解決策や方向性を見出していかなければならない段階に来ているのである。このような意味において、私自身高等教育論の専門家ではもちろんないけれども、大学という教育現場に四〇年以上身を置いてきた筆者のような人間が、大学教育の在り方について意見を述べることも、ひょっとしたらお許しいただけるのではないかと秘かに希っている次第である。もちろん、門外漢ゆえの間違いや勘違い、あるいはズレなども所々に散りばめられてしまっているかもしれないし、専門家による論考とは相当雰囲気の違う内容になっているかもしれないが、ご海容の上ご一読くださるようお願い申し上げる次第である。

本書は、第Ⅰ章「大学教育の在り方を考える」、第Ⅱ章「「学士力」とは何かを考える」、第Ⅲ章「大学院教育の在り方を考える」、第Ⅳ章「教育の評価の在り方を考える」、の計四章から構成されている。

各章の大まかなポイントを前もって示しておくことにしよう。第Ⅰ章では、まずは大学教育の目的について論じることとする。結論をあらかじめ明示すれば、大学教育の目的は、学生個々人が、しかるべき資質や能力を身につけ、将来それぞれが自立的な市民として社会の発展に貢献していけるようにすることである。この場合、「しかるべき資質や能力」とは具体的にどのようなものを指すのかが問われるであろう。先に言及した二〇〇八年の中教審答申『学士課程教育の構築に向けて』は、卒業時までに「何ができるようになるか」を問題にしていたが、そもそも卒業時までにできるようになることなどたかが知れているのである。例えば自律的な思考力、自己相対化の能力、あるいは知的向上心といった高度な能力や資質は、そう簡単に身につくものではない。大学卒業の時点までにこれらがどの程度身についているかは必ずしも定かではないのである。にもかかわらず、このような能力や資質は、学生が将来創造的で自立的な市民に成長していくための基盤をなすものである。卒業時までに十分身につけることが難しいという、ただそれだけの理由で、これらを学士課程教育の到達目標から外してしまったら、「創造的で自立的な市民の育成」という大学教育の本来の目的は永遠に達成できないことになるであろう。ちなみに、大学設置基準は、その第一九条第二項で、教育課程の編成方針に触れ、「教育課程の編成に当たっては、大学は、学部等の専攻に係る専門の学芸を教授するとともに、幅広く深い教養及び総合的な判断力を培い、豊かな人間性を涵養するよう適切に配慮しなければならない。」、と規定している。ここでも「専門の学芸」、「幅広く深い教養」、「総合的な判断力」、「豊かな人間性」といった、かなり高度な能力や資質を涵養することが求められているのである。

次に、各学問の高度化と専門分化の進行に伴い、狭い専門性の枠内に閉じ込められる傾向がますます強まってきているが、このような視野狭窄という「袋小路」に追いやられないようにするためには、「教養」を培うこと、とりわけ全体の中で自分の占める位置や果たすべき役割を同定できるという意味での自己相対化の能力を涵養することが重要である旨を指摘する。

第三に、学生の創造性を育んでいくためには、自ら問いを設定し、自らその答えを求めるという学問的な訓練が決定的に重要であり、この訓練を学士課程教育の中核的な柱の一つに据える必要がある旨を指摘する。

第Ⅱ章では、学士課程教育の最終目標としての「学士力」はどのような資質や能力から構成されると考えるべきか、という問題について考察する。先の二〇〇八年の中教審答申は「教育内容以上に、教育方法の改善」が重要との立場を取っているが、この章の第一の論点は、基本的には教育の方法ではなく、その内容こそが問われているのではないかということである。教育方法の問題は重要でないということを言おうとしているのではなく、まずは教員が学生の知性を触発するような刺激的な教育を行う必要がある、ということを言いたいのである。

先の二〇一二年の中教審答申は、「学生の主体的な学びを確立」するために、学生の「学修時間の実質的増加・確保」を訴えていたわけであるが、本章の第二の論点はまさにこの提言内容に関係する。すなわち、学修時間の確保の重要性もさることながら、「主体的な学び」の習慣を確立するためには、先に指摘したように、自ら問いを設定し、自らその答えを求めるという学問的な自問自答の訓練こそが肝要だというのが私の結論である。

第三の論点は、「学士力」を含め学士課程教育の目標はどのように設定すべきか、という本章の中心テーマに関わる。結論を先取りすれば、大学教育における学修成果としての知識や能力は、必ずしも数量的に測定可能なものとは限らず、むしろその性質上測定困難なものほど学修成果の中核部分を構成すると考えられるということである。

この章の最後の論点は、「大学」という名を冠している以上、国公私立を問わずすべての大学が最低限これだけは共通に身につけることを学生に求めるべき要素(能力や資質)というものがあると考えるべきではないかということである。この意味での「共通学士力」の試案を本章の最後に提示する。

第Ⅲ章では大学院教育の在り方について考える。本書のタイトルは『大学教育の在り方を問う』となっている。この中の「大学教育」ということばは、「大学で行なわれる教育」という意味で、「学士課程教育」、「修士課程教育」、及び「博士課程教育」を包摂する。このうちここでは後二者の在り方について考えてみたい。今日、日本の大学院は二つの深刻な問題に直面している。一つは量的規模の拡大とこれに伴う学生の著しい質の低下の問題であり、もう一つは大学院の果たす機能・役割の不透明性と、恐らくこれが原因で生じていると思われる恒常的な大幅定員割れ等の問題である。本章では主にこれらの問題について論じ、今後の大学院教育の在り方、あるいは改革の方向性を示すことができればと願っている。

大学院の問題は、それだけを独立させて議論することはできない。特に、どのような人材を養成し、そのためにどのような教育を施すかという点に関して、学部と大学院の関係を明確にし、内容的な棲み分けを検討する必要があるであろう。

最後の第Ⅳ章のテーマは教育の評価の在り方である。教育の成果に対する評価は、一方において何を目的にどういう教育を行うかという問題と深く関係し、他方において教育の効果はどの時点で発現すると考えるべきかという問題とも密に連動する、きわめて難しいやっかいな課題と言わなければならない。主な結論を前もって箇条書きに示しておくことにしよう。結論の第一は、（大学）教育の成果は長期的視野に立って評価する必要がある、ということである。第二は、教育の成果を長期的視点から評価するという前提に立って初めて、大学にふさわしい教育目標を設定し、充実した教育内容を教育課程に盛り込むことができる、ということである。第三は、将来創造的で自立的な市民に成長していくための基礎、あるいはそのための道筋を提供するところまでが、大学教育に課されるべき役割あるいは責任であると考えるべきだ、ということである。第四は、教育目標としては「教育を受ける者はこうあるべきだという理想としての目標」を設定すべきであり、教員は、この理想としての教育目標を実現すべく最善を尽くすことが求められる、ということである。第五は、卒業時における最終評価は、理想としての教育目標に結果としてどの程度接近できたかという視点から行う必要がある、ということである。第六は、（数）量的評価ではなく質的評価を通して、理想としての教育目標にどの程度接近できたかを「測定」しなければならない、ということである。以上の諸点を明らかにしてから、最後に質的評価のための視点を試案として提示することにする。

本書が、今後の大学教育の在り方に関する展望を拓くために、少しでも役に立つことができれば、著者にとってこれほどうれしいことはない。

目　次／大学教育の在り方を問う

大学教育の在り方を問う

第Ⅰ章

大学教育の在り方を考える

1　日本の大学教育の問題点

大学教育に大きな影響を及ぼしている二つの外的要因

日本の大学教育の問題点を語る前に、経済のグローバル化と高等教育のユニバーサル化の影響に触れておく必要がある。

今日、経済のグローバル化は、市場経済の分野だけでなく、他のさまざまな領域に多大の影響をもたらしている。大学及び大学教育というかつては「象牙の塔」に堅く守られていた領域にも、かなりの影響が認められる。例えば、現在文部科学省において「スーパーグローバル大学創成支援」なる事業が進められており、平成二六年度にはいわゆる「タイプＡトップ型」の大学として、旧制帝大系の七大学に筑波大学・東京医科歯科大学・東京工業大学・広島大学・慶應義塾大学・早稲田大学を加えた一三大学が採択された。このような国の後押しもあってのことではあるが、結果として、かなりの数の学生が送り込まれ（**表1参照**）、また送り出されることとなり、それぞれの大学においてキャンパスの「国際化」が、これまでにない規模で進行している。

このような大学のグローバル化は、とりわけ大学教育の旧来の在り方に深刻な反省と改変を促し、そしてまた留学生を含めた学生や教職員に対しても、さまざまな形で大きな影響をもたらしている。

表1　最近5年間の外国人留学生在籍者数の推移

大学名	H27.5.1 現在	H26.5.1 現在	H25.5.1 現在	H24.5.1 現在	H23.5.1 現在
早稲田大	4,603 人	4,306 人	3,899 人	3,771 人	3,393 人
東京大	2,990 人	2,798 人	2,839 人	2,873 人	2,877 人
九州大	2,097 人	1,972 人	1,969 人	1,931 人	1,866 人
大阪大	2,094 人	2,012 人	1,985 人	1,925 人	1,780 人
筑波大	2,062 人	1,889 人	1,744 人	1,681 人	1,663 人
京都大	1,814 人	1,725 人	1,684 人	1,664 人	1,631 人
東北大	1,661 人	1,532 人	1,435 人	1,428 人	1,497 人
名古屋大	1,613 人	1,668 人	1,648 人	1,611 人	1,556 人
北海道大	1,570 人	1,456 人	1,384 人	1,347 人	1,340 人
慶應大	1,418 人	1,303 人	1,256 人	1,203 人	1,072 人
東工大	1,223 人	1,224 人	1,255 人	1,241 人	1,252 人
広島大	1,110 人	1,059 人	995 人	1,005 人	1,090 人

（日本学生支援機構の公表資料を基に作成）

高等教育の在り方にある意味で決定的な影響を与えることとなったもう一つの大きな要因は、いわゆるユニバーサル化と称される高等教育の規模拡大の現実である。なにしろ少子化が進む一方で、大学への進学率は二〇〇五年には五割を超え、これらの進学希望者を受け入れる大学も、私立大学に限ってみても約五八〇校というおびただしい数に上るのである。このような高等教育の規模拡大の現実は、当然のことながら、さまざまな形で大学教育そのものに甚大な影響を及ぼしている。金子元久（二〇一六）は、この間の高等教育の量的拡大の流れを振り返り、「いわば密度の薄い教育が、ただ量的に拡大してきたのが、これまでの大衆化、ユニバーサル化の実態だった」（二七頁）と総括している。

基礎学問の危機

では、右記のような高等教育の在り方を大きく左右する二種類の背景的要因を念頭に置きながら、日本の大学教育の問題点を私なりに整理してみることにしよう。

第一の問題は、経済のグローバル化の影響が大学及び大学教育に浸透してきたことと関係するが、市場経済の活性化に直接貢献し得るような応用的な学問のみが潤い、息の長い研究を前提としなければ実質的な成果が見込めないような基礎的な学問が廃れていく傾向が現実に出てきていることである。典型例を一つ挙げることにしよう。その当時新聞やテレビなどのマスメディアでも結構大きく取り上げられたことであるが、平成二七年六月八日、文部科学大臣は、各国立大学法人に対して、「国立大学法人等の組織及び業務全般の見直しについて」という通知を出し、その中で次のように要請した。

> 「特に教員養成系学部・大学院、人文社会科学系学部・大学院については、一八歳人口の減少や人材需要、教育研究水準の確保、国立大学としての役割等を踏まえた組織見直し計画を策定し、組織の廃止や社会的要請の高い分野への転換に積極的に取り組むよう努めることとする。」（傍線は筆者）

つまり、市場経済の発展に直接的な貢献が見込めない分野、特に人文社会科学系の学部や大学院は、廃止するか、もしくは社会的ニーズの高い分野へと衣替えしなさい、というわけである。驚愕を通り越して深く落胆せざるを得ない内容の通知と言うべきであろう[1]。

この文科大臣通知に対し、同年七月二三日、日本学術会議（会長 大西 隆）は、「これからの大学のあり方―特に教員養成・人文社会科学系のあり方―に関する議論に寄せて」という幹事会声明を発表した。その中で、文科大臣が右記の通知を行ったことについて、「このことがわが国における人文・社会科学のゆくえ、並びに国公私立を問わず大学のあり方全般に多大な影響を及ぼす可能性について、日本学術会議としても重大な関心をもたざるをえない。」、と痛烈に批判している。人文社会科学系学部・大学院の廃止・転換の要請に対する同声明の批判の論点は概略次の通りである。

①「総合的な学術の一翼を成す人文・社会科学には、独自の役割に加えて、自然科学との連携によってわが国と世界が抱える今日的課題解決に向かうという役割が託されている。」

②「大学は社会の知的な豊かさを支え、経済・社会・文化的活動を含め、より広く社会を担う豊富な人材を送り出すという基本的な役割を」担っている。

③「教育における人文・社会科学の軽視は、大学教育全体を底の浅いものにしかねないことに注意しなければならない。」

④「教育の場において人文・社会科学が軽んじられ、研究者として培ってきた力を生かす場が狭められることがあるとすれば、これから研究者としての道を歩もうとする者の意欲を削ぎ、ひいてはバランスのとれた学術の発展を阻害することになりかねない。」

この四つの論点はいずれも重要な指摘と言えるであろう。ここではこれらに加え、もう一つ重要な論点を指摘したい。それは、初等・中等教育から高等教育までの段階積み上げ方式を前提とした教育の一貫性が確保できないことになり、その結果として、教育基本法の第一条に謳われている教育の目的、すなわち「教育は、人格の完成を目指し、平和で民主的な国家及び社会の形成者として必要な資質を備えた心身ともに健康な国民の育成を期して行われなければならない。」という目的を、十全に達成することができなくなるということである。「人格の完成」や「平和で民主的な国家及び社会の形成者として必要な資質」の獲得には、人文・社会系の学問を基盤とする教養を身につけることが不可欠だからである。

この点に関連して、人文・社会科学系の教育組織が仮に国立大学から姿を消すことになったとしたら、歴史的に積み重ねられてきた人文・社会科学系と自然科学系の双方の学問を含む総合的な学術知を基に作られているはずの初等・中等教育の教育課程が、少なくとも文系の学問分野に関する限り、高等教育における教育課程には繋がっていかず、教育の継続性がその段階で遮断されることになるであろう。国立大学の人文・社会系学部への入学を志願して勉学に励んできた高校生は、当然のことながら途方に暮れることになるであろう。この意味において、上記の通知は初等・中等教育にも重大な影響をもたらすものと言ってよいであろう。

なお、問題の通知文中に「社会的要請の高い分野」とあるが、このような「分野」の中に、例えば日本倫理思想、ギリシア哲学、中世哲学、科学哲学、比較宗教学、日本古代史研究、古代オリエント史学、日本民俗学、シェイクスピア研究、アメリカ文学史研究、理論言語学、経済思想史、日本政治思想史、西洋法制史、等々の分野が含まれることは恐らく想定されていないであろう。しかし、今さら言うまでもないことではあるが、いわゆる「社会的要請」が高いか否かだけで当該分野の学問的価値が定まるわけではないのである。この点に関連して石 弘光（二〇一五、一三―一四頁）が興味深い指摘をしているので、次に引用しておく。

「大学は学問の自由の下に真理の探究を旨とし、特定の外部からの要請とは独立して普遍的に人類の存立その発展、社会経済システムの基盤のために、研究教育の場で知的創造と伝承を行う場である。「社会に役立つ」視点のみから大学を改革しようとする経済界の発想とは、根本的に異なるといえよう。

かかる点、学問の基礎を築くための歴史、文学、経済・経営学、法学などの人文社会科学の学問的な価値を再認識すべきである。多様な価値観を尊重し、物事に対する洞察力を深めそして自らの人格形成に努めるために、主に人文社会科学に立脚した高い教養こそが不可欠になってくるのだ。」

「人文知は科学知とは別個の存立基盤をもつ学問であ」り、「科学知が共通にもつべき目的や価値について、人間性の基盤に立ち戻って問い直すという役割を担っている」、と野家啓一(二〇一三、一九二頁)が指摘しているように、文部科学省がどのような通知を出そうが、そのようなこととは全く無関係に、いわゆる人文社会科学系に分類されている学問は、自然科学系の学問とある意味で相互補完的な関係をなす、きわめて重要な研究分野を構成していると言えるのである[2]。

この通知に即して国立大学の人文社会系の組織が実際に廃止ないし転換されたとしたら、人材育成という観点からその結果を予測した場合、池内　了(二〇一二)が指摘しているように、「人類が生み出した文化を細らせ、干からびた知性の人間しか育っていかないだろう」(九九頁)という憂えるべき予測が帰結するのである。

いずれにしても、基礎的な研究や、このような研究を行う分野における人材育成を軽視するようなことは、決してあってはならないことである[3]。

文部科学省は平成二七年一〇月二〇日、全八六の国立大学の「中期目標・計画」の素案を公表した。それによると、人文社会系学部のある約五〇大学のうち、二六大学が何らかの見直しを行う予定になっている。さすがに文系学部の廃止を盛り込んだ大学はなかったようであるが、文系学部の定員を大幅に削減し、理系学部の定員増を計画している大学も少なからず存在している。文科大臣通知の「効果」

が一定程度反映された結果と解釈せざるを得ないが、このような好ましからざる流れが、文系を中心とする基礎学問の衰退の引き金とならないことを切に願うのみである。

高等教育の規模拡大と多様化の進行

第二の問題は、一八歳人口の二人に一人が大学に進学するユニバーサル・アクセスの段階に達してから早くも一〇年以上が経過し、この間大学あるいは大学教育自体が必然的に多様化せざるを得ない状況に追い込まれ、その結果、すべての大学を射程内に収める形で「大学」という概念を定義するのが困難になってきたことである。

この点に関連して思い出されるのが、各大学の機能別分化を推奨した二〇〇五年の中央教育審議会答申『我が国の高等教育の将来像』である。すなわち同答申は、大学の果たすべき機能として、①世界的研究・教育拠点、②高度専門職業人養成、③幅広い職業人養成、④総合的教養教育、⑤特定の専門的分野（芸術、体育等）の教育・研究、⑥地域の生涯学習機会の拠点、⑦社会貢献機能（地域貢献、産官学連携、国際交流等）、の七つの機能を挙げ、各大学が緩やかに機能別に分化していくことを求めたのである。文部科学省もこの答申の趣旨を尊重し、今も「機能別分化」の方針を堅持している[4]。

各大学は、この国の方針に意識的に従ったわけでは必ずしもないが、大学のユニバーサル化に伴う学生の学力低下の問題等に直面し、これらの問題を何とかして「解決」しようと試みる中で、多様化せざるを得ない状況に追い込まれたわけである。その結果、実社会で直接役立つ実用的な知識や実務的な能力のみを養成することに主眼を置き、先端的な研究や教養教育にはほとんど関心を持たないような「大学」が多数登場する時代になってきたのである。

大学の「機能別分化」を検討せざるを得ないほどに多様化した大学の現状は認めるとしても、大学が「大学」の名を冠している以上、各大学は研究と教育の両機能に関して少なくとも一定の水準を維持するように努力していかなければならないであろう。

高等教育の規模拡大と多様化という厳しい現状の下で、なおも各大学が大学としての矜持を保っていけるようにするためには、各大学が果たすべき「社会の中での機能」という今日的な観点を考慮するだけでは明らかに不十分である。特に各私立大学は、天野郁夫（二〇一三）が指摘するように、「独自の理念や目的を掲げて創設され、歴史と伝統を持って発展を遂げてきた」（一九一頁）わけであるから、その建学の精神の現代的意義と教育理念、及び大学の社会的使命（ミッション）を歴史的な文脈から改めて明らかにしていく必要がある。そうすることによって初めて大学としての矜持を保つことができ、自らに誇りと自信を取り戻すことができるであろう。

学生に知的高揚をもたらす教育の必要性と教員の基本的責務

第三の問題は、特に人文社会科学系の学生が概してマトモに勉強もせずに卒業を迎えているという現実である。「四年間の教育が十分に確保されていない」、日本の大学生は「大学外ではほとんど学習を要しない学生生活を送」っている、「よほどのことがなければ卒業できる仕組みを維持し続けている」、と日本の大学教育の現状を手厳しく批判する苅谷剛彦（二〇一二、一四八―一五一頁）の指摘の通りである。二〇一二年の中央教育審議会答申『新たな未来を築くための大学教育の質的転換に向けて〜生涯学び続け、主体的に考える力を育成する大学へ〜』も、「学生の主体的な学びを確立し、学士課程教育の質を飛躍的に充実させる諸方策の始点として、学生の十分な質を伴った主体的な学修時間の実質的増加・確保が必要である」と訴えている。

しかし、いやがる学生を無理やり机に座らせて勉強させるわけにもいかないであろう。次章で詳しく論じることにするが、学生の主体的な学びを促すためには、教える教員自身が学生を、そして彼ら・彼女らの知性と人柄を信頼し[5]、その上で「学習意欲を高めるような、知的にチャレンジングな教育を、大学が学生たちに提供することができるかどうか」（天野郁夫　二〇〇四、二二二頁）が重要な鍵となる。別言すれば、必要に応じて教育内容を更新し、学生に知的刺激を与え自主的な学習を促すことができるように学士課程教育を新たに構築し直すことが求められているのである。

ただし、新カリキュラムの整備も含め学士課程教育の枠組みを新たに構築することに成功したとしても、肝腎の授業を受け持つ教員が、とうの昔に研究を捨て、どの授業でも旧態依然の知識を教えるのみというのでは、当然のことながら学生はいかなる知的刺激も受けることはないであろう。学生というのは、教員の研究と教育に対する姿勢にはきわめて敏感に反応するものである。教員が学生から信頼され尊敬される教師でなければ、せっかく苦労して学士課程教育の新たな枠組みを作り上げたとしても、学生の主体的な学びを促すこととは程遠い元の木阿弥という結果になってしまうであろう。上田紀行（二〇〇五）が面白い指摘をしているので引用しておくことにしよう。

「「学校の外の世界をほとんど知らず、たいした人生経験もないのに、自分があたかも出来上がった人物であるかのように振る舞い、創造性を全く欠如させている教師」は、生徒がもっとも軽蔑する種の教師だし、その存在自体が生徒の成長に対するハラスメントでもある。」（一九六頁）

引用中の「学校」を「大学」に、「教師」を「大学教師」に、そして「生徒」を「学生」にそれぞれ置き換えれば、この引用はここで展開しているコンテクストの趣旨にピタリと合致するであろう。要するに、研究と教育に対する教員の基本的姿勢が問われているのである。

それにつけても深刻なのは、大学教員の質の問題である。かつては、少なくとも「一流」と称される大学には、裾野の広い教養と高度な専門性を兼ね備え、学生からも強く慕われていた「看板教授」と呼ばれる人が数名はいたものである。ところが残念なことに、そのような底力のある真に尊敬に値する教員は、まったくいなくなったとは言わないまでも、次に引用する猪木武徳（二〇〇九、一三三頁）が指摘しているように、今ではきわめて例外的な存在となってしまっているのである。

「歴史や哲学も、通史を書いたり、哲学史を若い人にレクチャーしたり、そして随所で原典を読むというような授業が、大学からなくなって久しい。そのひとつの理由は、それを担当できる先生がいなくなってきたのである。日本の大学における教養の授業の衰退は、それを担当できる先生がいなくなったことに最大の原因があるのだ。」

大学教育の質を維持・向上させる役を担うのは、他でもない、個々の授業を担当する教員個々人である。その教員が質の高い教育を担うことができないというのであれば、どんな立派なカリキュラムを作っても、あるいは国の求めに応じて然るべき成績評価基準を策定したとしても、すべての努力は無に帰すであろうし、教育は事実上崩壊せざるを得ないであろう。この意味において、次に引用する絹川正吉（二〇〇六）及び天野郁夫（二〇一三）の指摘はいずれも的を射たものと言えるであろう[6]。

・「大学教育の質のミニマムリクワイアメントの究極は、大学教員の質のミニマムリクワイアメントである。この教員の質の担保がないところで、いかに厳格に成績評価を行っても、その営みのすべては無意味であろう。したがって、ミニマムリクワイアメントの本質は、大学教員の知性の問題である。」（絹川　二〇〇六、二〇四頁）

・「研究と教育という二つの職業能力を兼ね備えた質の高い大学教員の養成を本気で考えないと、日本の大学教育自体が崩壊しかねません。」（天野　二〇一三、一八七頁）

さらに付け加えれば、学生が将来豊かな創造性と強い責任感を身につけた市民として自立して生きてゆけるようにするためにも、教員が学生を子ども扱いするような態度は厳に慎むべきである。この点に関連して、テンプル大学ジャパンキャンパス学長のブルース・ストロナク氏は次のように指摘している。

「おしなべて日本の大学は、学生を大人として扱い、もっと厳しい態度で臨むべきである。どんなに成績が悪くても退学にならないなら、つまり自らの行動に責任をとらなくてもよいなら、どうやって彼らは競争力、責任感、やる気といった、将来の社会を担うリーダーとしての資質を育むことができようか。」（佐々木 毅編　二〇一三『IDE現代の高等教育』No.547・一月号、三三頁）

阿部謹也はさらに進んで次のように主張する。

「学生の負担を軽くするという発想は間違っていると思います。若いときにうんと負担をかけないとだめなんです。若いときに負担を軽くする必要なんか、どこにもない。」（阿部謹也・日高敏隆　二〇一四、五四頁）

もちろん、教員が学生に厳しい態度で接する際の大前提は、各授業担当教員が学生に知的刺激を与え学問のおもしろさを伝えることによって、学生に自主的な学習を促すことができるような教育を行うということである。つまらない授業しかやっていない教員が学生に主体的な学びを強要しても始まらないであろう。反発を買うのがオチである7。

2　高等教育機関としての大学の責務

学部段階での学問的訓練の重要性

大学が果たすべき機能は、いわゆる社会貢献の機能を別にすると、基本的に研究と教育の両活動を推進し、それらの成果を社会に還元することにあると考えてよいであろう。教育の機能については後ほど触れることにし、ここではまず、学生への教育という観点から学問研究の役割について考えてみたい。

三谷太一郎（二〇一三）が指摘するように、「未知なるものへの問い」を設定し、それに対する「答えを求める過程が「学問」で」（三頁）あるとすると、自らどのような問いを設け、どのような答えを導くかということが問題となる。自ら問いを設定するという行為は、もっぱら与えられた問いに対して既知の唯一の答えを求めるという訓練しか受けてこなかった高校までの学習者にとっては、困難きわまりない経験であろう。ましてやその答えを求めるという目標は、もっと達成が困難なものと映るであろう。しかもその答えは、ある程度説得力があり、そう簡単には反論できないものでもなければならないのである。この点に関連してアメリカの言語学者モリス・ハレは、一九七四年一二月にニューヨークで開催されたアメリカ言語学会（the Linguistic Society of America）の五〇周年記念大会での会長挨拶の中で、次のような興味深い指摘をしている（Halle 1975 参照）。

「ある種の答えが、最初提案された時は非常に説得力があると思われたが、時が経つにつれて次第に色あせて見えるようになるとか、あるいはまた、ある個人の研究のかなりの部分が、その後、間違っているとか、不完全である、あるいはそうでなくても不十分であることが示される、といったようなことはよくあることです。自分の研究にこのようなことが起こった時に、そのことをしっかりと受け止め、かつ、自分の味わった失望感にめげることなく研究を継続していくことは、学問を一生の仕事として選んだ人なら誰もが修得すべき、最も困難で、かつ最も重要な教訓の一つです（拙訳）。【原文 It is common that certain answers, which seemed exceptionally persuasive when originally proposed, appear less so as time goes on, and that large portions of one's own work are subsequently shown to be wrong, incomplete, or otherwise inadequate. To accept this when it happens to one's work, and to go on working in spite of the disappointment one feels, is one of the hardest and also one of the most important lessons to be mastered by anyone who has chosen science as a career (p.526).】

このハレの文章は、一生の仕事として研究職を選んだ人間に対する一種の忠告と読むべきものであるが、将来学者になる予定のない一般の学生にとっても傾聴すべき意見であると思う。この引用からも明らかなように、大学に入学してきた学生が学問を行うというのは、土台困難なことなのかもしれない。しかし、本格的な学問を行うのは困難だとしても、自ら問いを設定し、自らその答えを求めるという学問的な訓練は、少なくとも組織的・集中的には大学でしかできないことであり、学部の段階でもそうした訓練を行う意義と価値は十分にあると考える。このような訓練は、学生に自ら創造性を発揮することを求めることになるので、自立性の強い人間を育成することに繋がるであろう。

ちなみに、アメリカの知性を代表する言語学者ノーム・チョムスキーは、教育の役割（あるいは目的）に言及して次のように述べている。

「理想とする教育とは、子供たちが持っている創造性（Creativity）と創作力（Inventiveness）をのばし、自由社会で機能する市民となって、仕事や人生においても創造的で創作的であり、独立した存在になるように手助けすることです。」（ジャレド・ダイアモンド／ノーム・チョムスキー／オリバー・サックス／マービン・ミンスキー／トム・レイトン／ジェームズ・ワトソン／吉成真由美　インタビュー・編　二〇一二、一一一頁）

チョムスキーの指摘するように、「創造性」と「創作力」の涵養、及び自立的な「市民」の育成が教育の基本的な目的であるとすると、前の段落で述べた学問的な訓練は、この目的の実現に大きく寄与することになるであろう[8]。

北村友人もグローバル時代の教育の目的に言及し、次の引用に示したように、チョムスキーと基本的に同趣旨の結論を述べている。

「子どもたちの想像力と共振性を伴ったグローバル・シティズンシップを育むことによって、一人ひとりが主体的な市民として自立し、民主的な社会の実現に貢献していくことができるようになる。それこそがグローバル時代の教育に求められているものであり、私たちの目指すべき方向性だと思います。」(小玉重夫編　二〇一六、二四八頁)

大学教育の目的と「学士力」

それでは次に、改めて大学教育の目的について考えてみることにしよう。まずは関連の法律等の規定を次に引用する。

①　教育基本法 第一条(教育の目的)教育は、人格の完成を目指し、平和で民主的な国家及び社会の形成者として必要な資質を備えた心身ともに健康な国民の育成を期して行われなければならない。

第七条（大学）大学は、学術の中心として、高い教養と専門的能力を培うとともに、深く真理を探究して新たな知見を創造し、これらの成果を広く社会に提供することにより、社会の発展に寄与するものとする。

② 学校教育法 第八三条（大学の目的）大学は、学術の中心として、広く知識を授けるとともに、深く専門の学芸を教授研究し、知的、道徳的及び応用的能力を展開させることを目的とする。

③ 大学設置基準 第一九条2 教育課程の編成に当たっては、大学は、学部等の専攻に係る専門の学芸を教授するとともに、幅広く深い教養及び総合的な判断力を培い、豊かな人間性を涵養するよう適切に配慮しなければならない。

これらの教育法規の規定に加え、次の一連の指摘も参考になるであろう。

④「教育機関の存在理由はひとつしかありません。それは若者たちの知的アクティビティを高めていき、彼らを市民的成熟に導くということに尽くされるわけです。どうすれば若者たちが、知的に高揚するのか、どうすれば霊的に成熟するのか、そのことだけを考えるのが大学の責務だと思う。」（内田樹 二〇一一、一八五―一八六頁・内田樹 二〇一四、一二三頁も参照。）

⑤「次の世代を担う若者たちの、人間的、人格的特性を形づくるのが、大学に与えられた役割ではないでしょうか。」(宇沢弘文　一九九八、八三頁)

⑥「きまった答を出すことを学問と考え、自分は学問ができるという自信をもって大学に入ってくる生徒に、大学は、その態度をうちくだいて、自分で問題をつくる方向にむけて馬首をたてなおすことができるだろうか。」(鶴見俊輔　二〇一〇、一五頁)

右記の①〜③の教育法規と、④〜⑥及び先のチョムスキーや北村友人からの引用等を参考に、改めて大学教育の目的とは何かを私なりに考えてみた。結論から言えば、大学教育の目的は、学士課程に在籍するすべての学生が共通に身につけるべきもの(すなわち「学士力」)として、

(1)　人間性
(2)　社会性
(3)　知性(知力)
(4)　健康
(5)　向上心

という五種類の資質ないし能力を培い、かつ、この点は後ほど本章第4節で詳述することにするが、

(各専門分野の教育を通して)当該の分野に固有の資質・能力を養うことによって、自立的な市民として社会(あるいは共同体)の発展に貢献できるようにすることであると考える。

ここで言う「人間性」とは、何事にも誠実に取り組む姿勢や、相手の立場を思いやる優しさなどを指すものと理解していただきたい。「社会性」は、社会の中での自己の責任を全うしようとする態度や、社会の発展に積極的に貢献していこうとする意志を指す。「知性(あるいは知力)」に含まれる要素としては、ものごとを論理的に考え的確な判断を下す力、事柄の本質を直観的に捉える力、ものごとを相対化して考える力、自分の間違いを素直に認め自ら考えを改めようとするしなやかな知性、あるいは母語及び外国語の運用能力や情報リテラシーなどの汎用的技能、などが考えられる。「健康」は、知育・徳育・体育の最後の要素に相当するもので、心の健康や自己管理能力もここに含まれる。最後の「向上心」は、(3)の「知性(知力)」の涵養のいわば前提をなす要素で、向上心が無ければ何事も始まらないと言ってよいであろう。まずは自分がいかに無知であるかを自覚し、その上で自分をさらに高めていこうとする心的態度、あるいは正義や真理を探求しようとする熱意ないし態度と言い換えてもよい。

後述の専門的な能力に加え、この五つの特性や能力を身につけた自立的な市民の育成が大学教育の目的であると暫定的に認めていただくことを前提に議論を先に進めることにしよう。

冷静に考えれば分かることであるが、これらの特性や能力を培うことは、実は至難の技である。例えば「知性(知力)」や「向上心」を養うためには、どのような内容の教養教育及び専門教育を用意すればよいか、また両教育をどのように組み合わせれば効果的か、という問いに答えるのはそう簡単ではないであろう。これらの問いに納得のゆく答えが仮に出せたとしても、それでは「人間性」や「社会性」を育む教育はどのように構築すればよいであろうか。この後者の問いの方が難問かもしれない。例えば倫理学や宗教学分野の科目、社会学分野の科目、あるいは芸術の分野の科目を設けておきさえすれば、倫理観や社会的責任感あるいは感性を培うことができるはずだ、と単純に考えることはできないからである。このような個別の分野に頼らなくても、各教員が、教養教育や専門教育において学生に知的刺激を与え学問のおもしろさを伝えることを通して、ある程度の倫理観や責任感を育むことができると考えることも可能かもしれないのである[9]。

いずれにしても、右記(1)から(5)までの資質ないし能力を培うことは高等教育機関としての大学の重要な責務であると考える。

生涯学習の潜在的需要の増大と大学の責務

今日一般に、六五歳以上の人口が総人口に占める割合を「高齢化率」と呼び、その率が二一％以上の社会を「超高齢社会」と呼んでいるが、我が国では世界にも類を見ない速度で高齢化が進み、二〇〇七年には高齢化率が二一・五％となって、遂に超高齢社会の仲間入りをしてしまうに至った。

佐々木毅(二〇一二)が主張するように、学ぶことを止めてしまったら人は生きていくことはできないと言ってよいほど、「学ぶ」ことが「生きる」ことにとって切実な意味を持つとしたら、佐々木自身が同書の中で指摘しているように、高齢化率の上昇に伴い、「学び」の需要も、少なくとも潜在的には、必然的に増大するはずである。

「長く生きる人間が増えてきたことは、「学ぶ」ことの時間とチャンスが増えてきたことを意味する。一つのことしかできなかった人生からいろいろなことができる人生へと、明らかに社会は変わりつつある。また、社会的にもその必要性はますます高まっている。」(佐々木二〇一二、二一一―二一二頁)

また秋山弘子(二〇一二)は、次の引用に示したように、超高齢社会を有意義に生きていくための課題として、「個人の課題」と「社会の課題」という二つの課題を指摘している。

「超高齢社会に生れた私たちの課題は大きく二つあると思います。一つは九〇年の人生をいかに設計し、どう生きるかという個人の課題。もう一つは人口の高齢化にともなう社会インフラのつくり直しという社会の課題です。

まず個人の課題についていえば、日本では長い間、人生五〇年時代が続いてきましたが、いまや人生九〇年時代、人生が倍くらいの長さになりました。人生が五〇年と九〇年では生き方はおのずと異なります。本来なら人生九〇年の生き方をしなければならないのに、いまだに五〇年の生き方をしている。

人生九〇年への変化は、単に人生が長くなっただけでなく、人生を自ら設計する自由度が増したことも意味します。［…］さまざまな人生設計が可能な時代になりました。特に人生の後半については多様な設計が可能ですね。新たなライフデザインをどうつくっていくか、それは私たち一人ひとりに託された課題です。

もう一つは社会の課題です。人生九〇年あればまったく異なる二つのキャリアを持つことも可能です。一つの仕事を終えて、人生半ばで次のキャリアのために学校に入り直すという人生設計もありえます。しかし、いまのように若い人だけを想定した教育制度のもとでは、第二、第三のキャリアを形成するのは難しい。やはり、いろんな人生設計が可能な社会インフラをつくっていかなくてはいけません。」（秋山　二〇一二、五六―五七頁）

それでは翻って、人生九〇年の超高齢社会を有意義に生きていくための生涯学習の機会を、これまで大学は十分に提供してきたと言えるであろうか。残念ながらその答えは「否」である。もちろん国のレベルでも社会人の受入れを含む「ユニバーサル・アクセス」の実現の重要性は散発的に認識されてはきたが[10]、肝腎の大学側に社会人を積極的に受け入れる意志や覚悟といったものが十分にあるとは言い難く、そのための制度設計ができているとも言い難い状況にある。では、すでに超高齢社会の段階を迎えているにもかかわらず、ユニバーサル・アクセスを可能にするような教育システムがいまだに大学内に構築できていないのは一体なぜなのであろうか。次に引用する金子元久(二〇一六)がいみじくも指摘しているように、端的に言ってしまえば、国も大学も骨の折れる厄介な仕事を先送りしてきたからである[11]。

「大学・大学院の側に、社会人を引き付ける意欲ができているかといえば、必ずしもそうとはいえない。大学にとってみれば、多数の高卒者をまとめて入学させて、既存の教員の専門分野に応じたカリキュラムで教育する従来のあり方は容易であり、コストもかからない。これに対して成人を対象とした教育プログラムは、需要の把握が難しく、また需要が多様であるために、いわばロットが小さく、コストも高い。大学にとっては、大きな発想の転換を迫られる。

また制度・政策の上でも、成人を対象にした教育プログラムの質保証、あるいは短期履修の成果の累積加算、などの工夫が必要となる。いわば大学の組織を利用して、社会人教育のバーチャルな組織を形成することが求められるのである。こうした点はこれまでも指摘されてきたこと

ではあるが、中教審などの場でも、制度の設計が体系的に議論されてきたとはいえない。」（金子二〇一六、二八頁）

しかし、目前に差し迫っている重要課題をこれ以上先送りすることは許されないであろう。今後の超高齢社会において国民一人ひとりが自らの九〇年の人生を有意義に過ごしていくことができるようにするために、社会インフラの整備の一環として、社会人の学び直しを可能とする場を大学内に早急に設けるよう、国側も大学側も最善の努力を傾けるべきであろう[12]。

3　学士課程教育における教養教育の意義と役割

学問の専門分化と教養教育の役割

本節では、いわゆる専門教育と区別される狭い意味での教養教育、それもあらゆる学問分野の高度化（抽象化あるいは普遍化と言ってもよい）と専門分化が極度に進行しつつある今日の学問的状況下における、教養教育の意義とその役割について考察することにする。

実は、学問の高度化と専門分化（あるいは蛸壺化）は今に始まったことではない。この傾向は遅くとも一九六〇年代には顕在化していたと考えられる。例えば、西洋中世史研究の分野で大きな足跡を残した増田四郎（一九六六）は、この流れに関連して、当時の学生に次のような警告を発していた。

「わたしの学生のころにくらべて、今日のように学問が専門化してくると、あなたがたは自分で意図しなくても、いやおうなしに専門的なところへ追いやられてしまう危険にさらされているのです。視野というものがきわめてせまい。そして、いったん追いこまれてしまうと、恐ろしいことに、やがてせまい袋小路にはいってしまい、さて抜け出ようともがいても、なかなかそれができない。そういう結果になるばあいがひじょうに多いのです。

じっさいには、学問の道はそうであってはならない。そうなるはずのものではないのです。これを山にたとえるならば、高くなるほど裾野がひろがり、また頂上からは遠くを見とおすことができ、視野が広くなるようなものなのです。それを、あたかも消防の出初式の、はしごの上の逆立ちに似たしかたで学問をやったのでは、いくら高くても、安定した長続きはいたしません。ささえる不動の基礎がないからです。そういうのは学者としては不具ということです。」（二三―二四頁）

この引用中の「ささえる不動の基礎」とはすなわち「教養」のことである。学問の専門分化に伴う視野狭窄という「袋小路」に追いやられないようにするためには「教養」を培うことが大切だと訴える増田のこの警告は、今日においても、否、学問の蛸壺化が極限に達した今日においてこそ、なお一層重く受け止められてしかるべきである。

今日これと似たような論旨は、例えば苅部直（二〇〇七）によっても展開されている。

「現代において、はてしなく専門化し、断片と化した学問の知識を前にして、人々はあたかも密林にふみこんだかのように、途方にくれる。このとき、さまざまな諸領域をつなぐ回路を、自分なりに見つけだし、展望をえることで、世界との間に調和をとりもどし、人間らしく生きることができる。そうした知の営みを培うものが「教養」なのである。」（一七八―一七九頁）

つまり苅部は、知識の「密林」の中で迷うことなく自分の立ち位置をしっかりと見定め、自ら「人間らしく生き」ていくことができるようになるためには、自分が向き合う相手としての「世界」、あるいは自分とは異なる価値観や文化的背景を持つ他者、すなわち一言で言えば「異質性」との交わりを通じて、自分自身を変えていこうとする心的態度を保持することが大事だと説いているのである[13]。

したがって、学問の専門分化（あるいは蛸壺化）が進めば進むほど、「学生が学んでいるそれぞれの専門分野の知識と技能が、学問体系全体のなかのどこに位置しているかを知って、その分野がどのような学問上の価値をもっているのかを見定める能力を培うこと」（増渕幸男　二〇一〇、一七三―一七四頁）、あるいは少なくとも「自分の活動がどういう位置を占めるか、それを中心として他のものがどう配列されているかということを認識すること」（太田 朗　一九七七、一一七頁）が重要になってくる。そのような能力を培うことこそ、（専門教育と区別される意味での）教養教育が担うべき本質的な役割の一つなのである。つまり、教養教育の最も重要な役割の一つは、自分を相対化する能力を涵養することにあると言ってよい[14]。

専門外の人への説明能力の涵養方法

日本学術会議（二〇一〇）『回答 大学教育の分野別質保証の在り方について』は、専門教育との関わりから見た教養教育の学習目標を次の三点にまとめている。

ⅰ　自分が学習している専門分野の内容を専門外の人にもわかるように説明できること
ⅱ　その専門分野の社会的、公共的意義について考え理解できること
ⅲ　その専門分野の限界をわきまえ、相対化できること

これらの目標は、教養教育を通して、自分の専門分野を学問体系全体の中に位置づけ相対化する能力を自ら培うことができさえすれば、いずれも結果的に十分達成可能であると考えられる。すなわち、自分の専門とは異なるある分野の学問が研究の対象としている現象や事柄の基本的な特徴、その分野の現段階での主要な研究課題、それらの課題を解決するためのアプローチの仕方、これまでの研究成果の概要、今後の見通し、等々について、まずは教養教育によって大まかな理解を得る必要がある。この理解が得られれば、その分野の学問と、自分の専攻する学問とを比較することが可能になり、より大きなコンテクストの中で自分の専門分野の意義や価値を把握することができるようになるであろう。それができるようになれば、自分が学習している専門分野の意義や限界、あるいはその社会的・公共的意義も含め、その内容を他の分野との比較も交えて、専門外の人にも分かるように説明できるはずである。これは私自身が学生時代にある恩師から言われたことでもあるが、自分の専門の内容を

小学六年生に聞かせて理解させることができなければ、自分自身もまだ本当のところは理解できていない証拠だ、と考えるべきなのかもしれない。

社会的な自己相対化の能力

ここまでは、自分の専門分野を学問体系全体の中にきちんと位置づけ、当該分野の意義と価値を確認し、その限界も見極める力を、教養教育を通して身につけることの重要性を説いてきた。実は、このような学問体系内での相対化に加え、社会の中での自分の占める位置や果たすべき役割を見定める、という意味での社会的な自己相対化の重要性を指摘する意見もある。その代表は、次に引用する阿部謹也（一九九七）の見解であろう[15]。

「「自分が社会の中でどのような位置にあり、社会のためになにができるかを知っている状態、あるいはそれを知ろうと努力している状況」を「教養」があるというのである。」（五六頁）

グローバリゼーションの急速な進行に伴いますます複雑化し多様化しつつある今日の社会において、自分を見失わずに生き生きとした社会生活を送っていけるようにするためには、阿部の言う意味での社会的な自己相対化の力を培うことも必要不可欠なことと言ってよいであろう。

自己相対化の能力の涵養

以上の議論から明らかなように、全体の中での自分の位置を見定める自己相対化の能力として、学問体系の中での相対化と社会の中での相対化という、二種類の相対化の力を認めることができる。これらの能力は、社会の構成員として創造性を発揮しながら自立して生きていくための不可欠の前提要件であり、そういった能力を組織的・体系的に涵養する役を担うのは、大学における教養教育を措いて他にはないと言ってよいであろう。であればこそ、大学の教養教育は、自己相対化の能力を培うために、専門分野の枠を超えて広い視野を身につけさせるための科目群をその中核に据えなければならないのである。ただし、幅広い知識を吸収すること自体が目的であるわけではない。例えば、他の学問分野ではどのような現象や事柄を研究対象にしているのか、何が解決すべき主要な問題なのか、それらの問題をどのような接近法（アプローチ）、あるいはどのようなリサーチ・プランに基づいて解決しようとしているのか、これまでにどのような成果があがっているのか、他の分野との共同研究はどのように進められているのか、あるいは社会の仕組みがどうなっていて、今後どのように発展していく可能性があるのか、その中で今学んでいる学問はどのように生かすことができるのか、等々の問題意識から他分野と自分の専攻分野とを比較考量することによって、全体の中での自分の位置や役割を同定しようと努力することが大事なのである。単に多くの知識を獲得させることが教養教育の目的ではない。他との比較を通して自分の位置を確かめること、そしてそのための教養教育を構築することが強く求められているわけである。

「課題探求能力の育成」に関連して

一九九八年の大学審議会答申『二一世紀の大学像と今後の改革方策について――競争的環境の中で個性が輝く大学――』が教養教育重視の方針とともに課題探求能力の育成を学部教育の中心的課題に据え、この答申を受ける形で、二〇〇八年の中央教育審議会答申『学士課程教育の構築に向けて』も、課題探求能力の育成を学士課程教育の最終目標として掲げた。学生の創造性や創作力を涵養する手段として、自ら問いを設定し、自らその答えを求めるという学問的訓練の重要性を前節で指摘したが、「課題探求能力の育成」という言葉は、前節で述べた「創造性・創作力の涵養」とほぼ同義と解釈してよいであろう。このような能力の育成が大学教育の最終目標の一つであることに特に異論はないが、注意すべきなのは、この目標は、教養教育のみならず、各種のゼミや卒業研究などの専門教育も含む大学教育全体を通して達成されるべきものであるという点である。

「教養」の構成要素と教養教育の役割――まとめ

教養を構成する要素として、この他に、例えば「我が国の伝統や文化、歴史等に対する理解」、「異なる国や地域の伝統や文化を理解し、互いに尊重し合う」姿勢、「世界の人々と外国語で的確に意思疎通を図る能力」、「科学技術の功罪両面についての正確な理解力や判断力」、「和漢洋の古典の教養」、「礼儀・作法等の修養的教養」(以上、中央教育審議会答申　二〇〇二から)、「基礎的な読解力や文章表現力」(中央教育審議会答申　二〇〇八から)、「俯瞰的な社会認識や普遍的な倫理意識、自己の社会的責任の認識など、いわゆるシチズンシップと呼ばれる素養」(日本学術会議　二〇一〇から)、「日本語力」、「インテグリティ(誠実さ)」、「向上心」(以上、岡部光明　二〇一三から)、果ては「細かい心遣い」、「相手の気持になってつき合う気持」(以上、福田恆存　二〇一五から)に至るまで、さまざまな提案がなされている。

いずれにしても、第2節で述べたように、大学教育の目的は、それぞれの専門分野に固有の資質や能力に加え、学士課程共通の獲得目標である人間性・社会性・知性(知力)・健康・向上心という五種類の資質ないし能力(「学士力」)を培うことにより、結果的に自立的な市民として社会の発展に貢献できるようにすることであると私は考えている。上述の自己相対化の能力も含め、直前の段落で列挙した、「教養」を構成するものと従来想定されてきた諸要素は、そのいずれもが、学士課程共通の獲得目標としての上記五種類の資質・能力のどれかに、結果として包摂されることになるであろう。したがって、教養教育の目的は、これらの能力・資質のすべてを、各分野の専門教育と連携しながら涵養することにある、と言ってよいであろう。

4　学士課程における専門教育の在り方

二〇一〇年の日本学術会議の『回答』とその意義

二〇〇八年一二月の中央教育審議会の答申『学士課程教育の構築に向けて』において「参考指針」として提示された「学士力」は、全学の学生が共通に身につけるべき資質・能力の総体、すなわち学士課程共通の獲得目標として意図されたものである。このような意味での「学士力」とは別に、当然のことながら、各専門分野の教育が学生にその獲得を求める資質・能力の集合（以下「専門基礎力」と呼ぶことにする）が存在する。この「専門基礎力」も含め、大学教育の分野別質保証の在り方に関して、文部科学省が二〇〇八年五月に、日本学術会議に対してその審議を依頼し、同学術会議は、二〇一〇年七月に『大学教育の分野別質保証の在り方について』という回答をまとめ、同年八月に文部科学省に手交した。同回答は、各分野の教育の質を保証するために、それぞれの分野について、「最も中核的な意味において、すべての学生が基本的に身に付けるべきことを同定し、これを教育課程編成上の参照基準として各大学に提供する」との方針を打ち出した。その後、この方針に沿って、学術会議内に順次設置された分野別の「参照基準検討分科会」において、参照基準の策定作業が進められ、二〇一六年六月末の段階で合計二四分野の参照基準が策定済みとなっている[16]。

二〇一〇年の学術会議の『回答』では、分野別の参照基準を策定するに当たり、次の二つの点に留意する必要があると述べられている。

①　各専門分野の教育も、学士の学位を有するすべての者に共有されるべき、普遍的な意味を持つものを涵養するという役割を担うことが必要である。

②　個別の分野の教育には、それを他の分野の教育と区別する固有の特性が存在するはずであり、その核となるものを明確化し、しっかりと保持するようにすべきである。

つまり、参照基準の策定作業は、「学士力」が求めるような普遍性と、各分野に固有の特性の双方に留意しながら進める必要があるというわけである。きわめて真っ当な判断と言うべきであろう。

右記の二つの留意点の背後にある考え方は、学部段階での専門教育の在り方に関して、「細分化された狭い知識の教育ではなく教養教育の理念・目標を踏まえた教育の展開が重要」である旨の指摘をした、一九九八年の大学審議会答申『二一世紀の大学像と今後の改革方策について――競争的環境の中で個性が輝く大学――』に、そのルーツを辿ることができる。またその後、二〇一〇年に日本学術会議 日本の展望委員会 知の創造分科会から出された『提言 21世紀の教養と教養教育』にも、「専門教育は、[…]特に学士課程においては、教養教育の一翼を担う「専門教養教育」として行われることが重要である。」という同趣旨の主張が見られる[17]。

ちなみに、高等教育の規模拡大が新たな段階に入った今日の大学における専門教育の在り方に関して、天野郁夫は次のような問題提起を行っている（少し長い引用になるが勘弁願いたい）。

「社会学者のジョセフ・ベン＝デビッドは、学生をはっきりした職業目的をもって入学してくる「専門学生」（professional student）と、それをもたずにいわば「自分さがし」にやってくる「一般学生」（general student）に分け、大学の量的拡大は後者の増大をさけがたく伴いながら進行し、それとともに専門教育も、機能的に一般教育化せざるをえなくなっていることを指摘している（天城勲訳『学問の府』サイマル出版会、一九八二年）。

［…］日本の大学・高等教育は、専門学部制をとり学問体系に応じた専門教育を行いながら、「専門学生」以外の「一般学生」をますます多く集め、入学させることによって規模を拡大し、発展をとげてきたのである。専門教育はその意味で、「一般教育」化の方向をたどってきたといってよいだろう。

［…］学部段階の専門教育についてはまた、それを基礎的なものに限り、高度の専門教育は大学院に移そうという動きも進んでいる。専門的ではない専門教育――それはまさに専門教育の一般教育化ではないのか。

そうした一連の変化のなかで必要とされているのは、いわゆる「教養教育」の整備・拡充だけでなく、それを視野に入れた学部段階の専門教育そのものの再検討、再構築である。法律家にならない、アナリストにならない人たちのための法学教育、経済学教育とは何なのか。企業のホワイトカラーになり、あるいは対人サービスに従事する人たちのための文学教育とは何なのか。問われるべきは専門教育における「専門」の意味そのものなのである。」(杉谷祐美子編　二〇一一、八九―九三頁)

つまり、明確な目的意識も持たずに入学してくる「一般学生」の増加という事態に適切に対処するには、専門教育における「専門性」をどう定義したらよいか、という問題提起である。恐らく「基礎的な内容に限定すべきだ」というのが天野の答えであろう。もしそうであるとすると、天野の結論も、「専門教育における基礎・基本の重視」を謳った上述の一九九八年の大学審議会答申の主旨と軌を一にするものと言えるであろう。

先ほどの日本学術会議の留意事項①と②、及び右に引用した天野の見解は、今後の学士課程における専門教育の在り方を考えるための出発点をなすものとして、きわめて重要なものと考える。以下、これらの諸点を踏まえて論を進めることにする。

言語学分野の専門基礎力　試案

今後各大学は、学生が専門教育を通して身につけるべき資質や能力、それも「人が生きていく上で重要な意味を持つもの」(日本学術会議　二〇一〇『回答』)に的を絞って、それぞれの専門分野における最終的な獲得目標、すなわち各分野の「専門基礎力」を明らかにしていくことが求められるであろう。

先ほども触れたが、幸いなことに、日本学術会議内に設けられた分野別の「参照基準検討分科会」において、現在も参照基準の策定作業が進められており、二〇を超える分野の参照基準がすでに策定・公表されている。公表されているすべての「参照基準」を基にそれぞれの分野の専門基礎力の案をここで提示することは不可能だが、私自身の専門が言語学・英語学ということもあり、ここでは、学術会議内に設置されている「言語・文学分野の参照基準検討分科会」から二〇一二年十一月に公表された『大学教育の分野別質保証のための教育課程編成上の参照基準　言語・文学分野』を参考にして、言語学分野の専門基礎力の試案を提示することにする。他分野の専門基礎力策定の際の参考にしていただければ幸いである。

言語学分野の専門基礎力(試案)

(1)　基本的知識・理解

①　言語の普遍性と個別言語の多様性に関する理解

② 言語の構造性に関する理解
③ 音声を作り出す生理的メカニズムに関する理解
④ 言語と社会の関係に関する理解
⑤ 言語の歴史的(通時的)変化の様態と原因に関する理解
⑥ 自分が学んでいる個別言語に関する基本的知識と理解

(2) 基本的能力

① 自分が学んでいる個別言語に関するリテラシー(読み書き能力)
② 自分が学んでいる個別言語によるコミュニケーション能力
③ 外国語学習を通しての母語(日本語)の相対化と、母語の存在への気づき
④ 論理的思考力・批判的思考力
⑤ 創造性・創作力

(3) 基本的態度・志向性

① 本質を究明しようとする科学的態度・求道心
② 多様性の中で自己を相対化しようとする姿勢

多少解説を加えておくことにしよう。まず、「言語の普遍性」というのは、ここで詳述する余裕も、

またその必要もないであろうが、人間の言語に共通に見られる普遍的特性のことである。「言語の構造性」というのも多少説明を要するであろう。例えば、英語の文(sentence)は、いくつかの単語が左から右に線状に並べられたものと単純に考えることはできない。階層的な内部構造を持つと考えなければならないのである。次の例文について考えてみよう(大塚高信・中島文雄監修　一九八二『新英語学辞典』、一〇二一―一〇二三頁参照)。

(a)　Mary thinks she can fly and the boy she kissed thinks she is a witch.

この文は、次の(b)と(c)の二つの文を and で結合して作られたものである。

(b)　Mary thinks she can fly.

(c)　The boy Mary kissed thinks she is a witch.

(b)の文も(c)の文も、どちらも thinks という動詞の後に、それぞれ she can fly と she is a witch という別の文が埋め込まれた構造になっている。しかも(c)の文の主語に相当する名詞句 the boy Mary kissed も、その内部に Mary kissed (the boy)という文が埋め込まれた構造になっている。つまり、(a)の文は、その内部に別の文が幾重にも埋め込まれた入れ子式の階層構造をなしているのである。このように文は、andのような接続詞を用いたり、文中に別の文を埋め込ませたりすることによって、いくらでも長くすることができ、論理的には無限の言語表現が可能となるのである。
チョムスキー（二〇一五）からの次の引用を参照すれば、言語の普遍的な構造的特性についてより端的に理解することができるであろう。

「六〇年ほど前に明らかになった、言語についての一つの不思議な事実が今でも問題として残っていて、私にはその事実が極めて重要なものであると思われます。それはとても単純ですが興味深い事実です。言語に普遍的な特性なのです。例えば、instinctively, eagles that fly swim（本能的に、飛ぶ鷲が泳ぐ）という簡単な文を考えてみましょう。この文には副詞のinstinctively（本能的に）が含まれています。この副詞は動詞と結びつきますが、それが結びつく動詞はfly（飛ぶ）ではなくて、swim（泳ぐ）です。Instinctively, eagles that fly swimというとき、本能的に鷲が泳ぐのであって、本能的に鷲が飛ぶのではありません。でも、なぜそうなのでしょうか。「本能的に飛ぶ鷲が、泳ぐ」（eagles that instinctively fly swim）という思考は真っ当なものです。ただ、この思考は先ほどの文では表現できないのです。同様のことが、can eagles that fly swim（飛ぶ鷲は泳げますか）という疑問文についても言えます。この文は飛ぶ能力ではなく泳ぐ能力を問う文なのです。

これらの例に関して不思議なのは、instinctively や can などの節頭の要素と動詞との結びつきが遠距離で構造的特性に基づいたものであり、近接性、つまり単に線的特性に基づいているのではないということです。これは不思議な事実です。線的特性に基づいた演算の方がもっとずっと簡単な計算的操作ですから、例えば言語を処理するためにはそういった演算が最適なのです。しかし、言語はそういった演算を使いません。言語は最小の構造的距離という特性を使用するのであって、最小の線的距離という、それよりも遥かに簡単な概念に基づく演算を使うことは決してないのです。このことは、今考えている例のみならず他の数多くの事例にも当てはまります。知られている全ての事例で、処理のしやすさという要因は言語の基本的構成原理において完全に無視されているのです。これは非常に重要な事実です。専門用語を用いれば、言語の規則は**構造依存的**(structure-dependent) なのです。線的順序における近接性は無視されるのです。ここで不思議なのは、一体なぜそうなっているのか、ということです。この特性は英語だけではなくあらゆる言語に関して認められますし、またこれらの構文のみならず、知られている全ての構文において成立するのです。

［…］

最小距離の一般原理は、言語の設計において広範囲に亘って用いられています。最小距離の原理はおそらくさらに一般的な原理である**最小計算**(Minimal Computation) の原理の一事例であり、この後者の原理自体はたぶん自然界の――少なくとも生物界、あるいは、もしかしたらそれさえ超えた世界の――一般的な特性に過ぎません。しかし、最小計算を線的距離ではなく構造的距離に限定している言語設計が持つ特別な特性があるはずです。その特性がもっと単純な線的計算や処理の手続を用いることを妨げているのです。こういった線的な手続は、(構造的距離を用いる手続よりも)単純であるにもかかわらず、普遍的にどの言語においても退けられているのです。」(二〇―二二頁)

いずれにしても、このような言語の持つ構造性に関する基本的な特徴を理解させる必要がある。言語学を学んだ学生は、言語の基本的な特徴と仕組みをきちんと理解した上で、個別言語の高度な運用能力を身につけ、それを実際の社会生活の中で活かすことによって、直面する諸課題を解決していけるようになることが要請されているのである。

5　学問とはどのようなものか

学問とはどのようなものか

第2節で、学生の創造性・創作力の育成に関連して、学部レベルの学生が、自ら問いを発し、自らそれに答えるという学問的訓練を積むことの重要性を指摘した際に、三谷太一郎（二〇一三）の学問論に言及したが、改めて関連の箇所を引用してみよう。

「「学習」は既に知られているもの、既知なるものへの問いから出発し、その答えを求める過程であります。「学習」においては唯一の正しい答えが存在するということが前提されております。これに対して、「学問」は未だ知られていないもの、未知なるものへの問いでありまして、その答えを求める過程が「学問」です。学問においては、唯一の正しい答えが存在するか否かが知られていないのです。」（三頁）

つまり、「既知なるものへの問い」に対する答えを求める過程が「学習」であるのに対して、「学問」というのは「未知なるものへの問い」に対する答えを求める過程を意味するというわけである。

動物行動学が専門の日高敏隆も類似の指摘をしている。

「「学問」とは、存在するあるものについて、それがいったいなんなんだと疑問をもち、とにかく知りたいと思う、まさにそのことなのではないでしょうか。
ですから、「それがなんの役に立つんだ」と言われても「人間の好奇心に応えるためだ」としか言えないんです。ふつう「役に立つ」というと、いわゆる応用的な意味で、それがなにかに活用できるということですね。けれども、人間には好奇心があり、それに応えられれば知的に満足できる。それだって十分人間に役に立っていると言えるのではないでしょうか。
また、好奇心を呼び起こすものには、知的な、いわばポジティヴなものもありますが、「不安」という感情もあるんです。「なんだか怖い」「あれはいったいなんなんだ」という不安。それは正体が分かれば、「ああ、そうだったのか」と安心できるのです。」（阿部謹也・日高敏隆 二〇一四、一五五頁）

すなわち、未知なるものに対して疑問や好奇心や不安を抱き、その正体を突き止めようとする行為そのものが、学問するということの意味だと説いているのである。

しかし、学部に入学してきた学生は、高校段階まではもっぱら「既知なるものへの問い」に答えるという「学習」の訓練しか受けておらず、「未知なるものへの問い」を自ら設定し、それに自ら答えるという学問的な訓練は普通は経験していないのである。だからこそ、学部の学生にとって、学問することはきわめてハードルの高い目標なのである。それにもかかわらず、このような学問的訓練は、第2節で論じたように、学生の創造性や創作力を涵養するためには欠かせないものなのである。

このような学問的訓練が大事だとしても、当該の分野において何が既知で何が未知の事柄なのかがほとんど分かっていない学生にとっては、当然のことながら、「未知なるもの」と「既知なるもの」との区別は容易でない。しかし、学生はプロフェッショナルな研究者ではないわけだから、まだ分かっていない事柄は何なのかにあまりこだわる必要はない。「未知」と「既知」の区別は当座無視することにして、むしろ自分が純粋に疑問に思った事柄を大事にすべきである。その疑問に思った事柄が「未知」と「既知」のいずれの領域に属するものなのか、そして、仮にそれが「未知」の領域に属する事柄だとしても、研究に値する興味深い問題と言えるのか、またそれは、自分に与えられた時間と能力の範囲内で解決が可能なものなのか、といったことが当然次に問題になってくるが、この段階に至って初めて、（できれば当該の学問に造詣が深く自身も第一線で研究を続けている）教員の指導を仰げばよいのである。

「自ら問いを発する」という行為は、この段階で終了したことになるであろう。しかし、実はここから正念場を迎えることになる。創造性・創作力を発揮して、自らその問いに答えなければならないからである。この点に関連して、大野晋（二〇一五）が興味深い指摘をしているので次に引用する。

「学問研究には空想力が是非必要である。空想について行けない、空想力に欠けた学者は、学問をなぞることはできるが、学問を切り開くことはできない。もちろん空想を空想として弄んでいるのでは学問にならない。湧きあがり拡大する空想を、地道なデータの集積によって地上にしっかり引き戻さなくてはならない。」(二四三頁)

ここで大野のいう「空想力」という言葉は、「創造性・創作力」と読み替えてもよいであろう。「学問をなぞる」というのは、関連の研究文献を読んで、現時点までの研究の流れと主たる問題点を正しく把握する、という意味であろう。「学問を切り開く」というのは、自ら発した問いに対して、まだ誰も出したことのない新たな、しかも説得力のある答えを提示する、という意味に解釈できる。「湧きあがり拡大する空想を、地道なデータの集積によって地上にしっかり引き戻」すというのは、自分が新たに提示した答え(仮説ないし理論)を、事実に基づいて検証する、ということであろう。つまり、自ら引き出した答えを事実に照らして検証するという作業が無事終了して初めて、自らの答えを提示するという行為が完了したことになるわけである。

このように、学生の創造性・創作力の涵養を目的とした学問的な訓練は、言うは易く行うは難い、と言わざるを得ない面も確かにあるにはあるが、やはり学問的な自問自答の訓練は、学士課程教育の中核的な柱の一つに据える必要があると考えるべきであろう。

学問に対する基本的姿勢について

右記の三谷のいう意味での「学習」の経験しかない、大学に入学したばかりの学生は、創造性や創作力の発動を要求する学問的な自問自答の訓練には不慣れなために、ついその道の権威に頼るなど他力本願的になりがちである。つまり思考停止状態に陥るのである。戦後日本の言語学・英語学研究の礎を築き、この分野で卓越した業績を残した太田朗（一九七七）は次のように注意を促している。

「これが永遠不変の真理であるなどというのは、それによって科学的探究の道をとざすことになるからよろしくない。真理は vulnerable なものだというのは、プラグマティズムの元祖の Peirce の考えである。われわれは労せずして出来合いの永遠の真理などというものを仏や祖師から与えてもらえると期待してはいけない。むしろ仏や祖師とともに絶えず勉強して行くことが必要である。」（六九頁）

つまり、前の第2節で引用したモリス・ハレが指摘しているように、どれほど偉い学者が行った研究でも、その後、その中に誤りがあることが証明される、といったことはよくあることで、権威の説であっても決して鵜呑みにせず、あくまでも自分の頭でその良し悪しを判断しなければならないのである。問いに対する答えを自ら出すためには、根気よく勉強を続けていくしかないのである。

このような学問に対する真摯な姿勢は、有意義な社会生活を送っていくためにも必要とされる資質であろう。増田四郎(一九六六)はこの資質を「誠実」という言葉で表現している。

「個人として、基本的には、秀才である必要はないとわたしは思います。むしろ学問をするばあいばかりでなく、社会で活動するばあいにも、共通して必要なことは誠実ということです。誠実で根気よく、あまり心変わりしないことです。」(二一四頁)

学問においても社会においても、一番大事なことは、粘り強く努力するという誠実さなのである。誠実に、真摯に、粘り強く学問を続けていくことがいかに大切なことであるかは、次に引用する寺田寅彦のことばからも明らかである。

「頭の悪い人は、頭のいい人が考えて、はじめからだめにきまっているような試みを、一生懸命につづけている。やっと、それがだめだとわかるころには、しかしたいてい何かしらだめでない他のものの糸口を取り上げている。そうしてそれは、そのはじめからだめな試みをあえてしなかった人には、決して手に触れる機会のないような糸口である場合も少なくない。[…]科学の歴史はある意味では錯覚と失策の歴史である。偉大なるおろかものの、頭の悪い能率の悪い仕事の歴史である。」（池内了編　二〇〇〇、二〇一頁）

科学の特徴とその基本的な考え方

前節では学問的な自問自答の訓練の重要性を説いたわけであるが、このような訓練を通して、とりわけ科学的な思考法を身につけることが今日の学生には強く求められる。一口に「科学」といっても、物理学・化学・生物学などの自然科学から、経済学・法学などの社会科学、あるいは心理学・言語学などの人間科学に至るまで、さまざまな専門分野が存在するが、あらゆる分野で学問の高度化と専門分化が深く進行している今日、学士課程の段階でこれらの個別科学に関して専門的な詳細に立ち入るのは困難であり、またその必要もないであろう。むしろ、これらの学問全体に共通する一般的な特徴や、科学的なものの見方・考え方を学び、事実に基づいて論理的に考える習慣を身につけることの方が、彼らにとってははるかに大事である。

そこでまず、一般に科学というのはどのようにして「進歩」していくのかということについて考えてみよう。戸田山和久（二〇一一）はこの点に関して次のように指摘している。

「科学は、ちょっとでも良い仮説や理論を求めていくことにより進歩していく。そこで使われる、より良い仮説／理論の基準は、おおよそ次の三つにまとめられる。

① より多くの新奇な予言をしてそれを当てることができる。

② その場しのぎの仮定や正体不明の要素をなるべく含まない。

③ より多くのことがらを、できるだけたくさん同じ仕方で説明してくれる。」(五四頁)

右記の①の基準は、カール・ポパー（一九七一–七二）『科学的発見の論理』のいう「反証可能性」(falsifiability) を念頭に置いたものと思われる。すなわち、より良い仮説や理論とは、「反証の可能性が大きく、しかも、厳しい検証によく堪え得たもののことである」(梶田優　一九七六、一五四頁)、ということになる。例えば現代言語学では、言語(母語)の知識は人間の脳の中に蓄えられていると考えられているが、このように仮定することにより、「言語は、脳のなかの言語以外の仕組みと働きあって、さまざまな観察可能な事態を生じさせることにな」り(梶田　一九九九、三二頁)、これらの事態の一つ一つが言語の理論(言語学者が脳内の言語知識に対応するものとして作り上げた「文法」)に対する新たな反証例となるので、それだけ反証可能性の大きい理論が構築できたことになるのである。そして、この理論がその後の厳しい検証にすべて堪えることができたなら、その限りにおいて、言語の知識が人間の脳の中に蓄えられているという仮説と、その知識に対応するものとして言語学者が作り上げた心的「文法」

は、共に、かなりの程度、科学的信憑性の高いものと評価されてしかるべきだということになるのである。②の基準は、梶田（一九七六、一五二頁）の指摘する「論理的に自己矛盾が無いこと」（無矛盾性）、「できる限り精密な言葉で述べられたものであること」（精密性）、「できる限り簡潔なものであること」（簡潔性）などの条件を指すものと解釈できる[18]。

③の基準は、梶田（一九七六、一五二頁）の言葉で言い直せば、「事実をできる限り多くカバーする包括的なものであること」（包括性）という条件に該当するであろうし、朝永振一郎（一九七九）が次の引用においても言及している「普遍性」という概念にも対応するものと考えられる[19]。

「二十世紀の科学者が見つけた自然法則はそれ以前の法則と違って非常に普遍性が増してきた［…］。それはどういうことかと言いますと、非常に数の少ない法則が、より広い範囲の、一見違ったカテゴリーに属するような現象を支配しているという、そういう法則がだんだんに見つけられたということです。」（一九三一一九四頁）

付言すると、二〇一四年に新型万能細胞として「ＳＴＡＰ細胞」が話題となり、やがてこれは論文不正問題へと発展したわけであるが、その過程で問題となったのはＳＴＡＰ細胞の再現可能性についてであった。理化学研究所は検証実験を重ね、その結果「ＳＴＡＰ細胞は再現できない」と結論づけ、事実上その存在を否定したのである。つまり科学は、「同じことをくり返せば、同じ結果が出る」（中谷　一九五八、一九八頁）、あるいは「科学的実験は誰がおこなっても同じ結果が再現できる」（長尾真　二〇〇一、一〇三頁）という「再現可能性（reproducibility）」の原則に従う必要があると一般に考えられているわけである。このように、科学においては再現可能性という客観性が担保されねばならないわけであるが、この点も科学の重要な特徴の一つと言ってよい。

なお、できるだけ多くの現象や事実を同一の普遍的法則に基づいて統一的に説明するという、典型的には物理学などの先端的な分野において前提とされてきた基本的な考え方（あるいは研究のスタンス）は、次のいくつかの引用において指摘されているように、すべての研究対象に通用するとは限らないので注意する必要がある。

④「『物理学の考え方は……ものごとを基本的に、単純に、統一的に考えようというものです』（有馬朗人『ふれあいBox』一九九五年九月号）。単純も統一的も、多様性の対極に位置するものです。単純さや統一性に価値を置くとすれば、多様性はマイナスの価値しか持ちません。多様とは混沌・混乱です。たとえ多様性に価値を認めるとしても、統一原理を導き出すための材料としての価値だけで、多様な個々のものに固有の価値など認めません。だから物理学的発想は【生物】多様性ときわめて相性の悪いものなのですね。」（本川達雄　二〇一五、二四七頁）

⑤「今日の科学は、その基礎が分析にあるので、分析によって本質は変化しないものでないと、取扱えないのである。分析によって本質が変らないものならば一応分析をして、それをまた綜合することに意味がある。全体としては、ある感じをもっているが、分析して見ると、その部分には本質的に前の感じの基礎になるものが存在しない。そういう問題は、今日の科学では苦手の問題である。その一番よい例は生命現象であろう。人体を構成している細胞の蛋白質の秘密が、窮極のところまで分っても、生命そのものは、現在の科学の方法をもってしては、永久に分らない。と少くも私はそういうふうに思っている。」(中谷宇吉郎　一九五八、二一〇頁)

⑥「たとえば生命科学でも、分析的手法で生命体の構造と機能を知るだけでは、生命とはなにかという問いへの答は得られないことが明らかになりつつあります。生命現象を全体として見ていかなければならないと考え、そのための方法論を探し始めているのです。」(中村桂子　二〇一三、五二頁)

⑦「心理学は人間の精神のはたらき、心のはたらきをあつかうが、テレパシーなどで地球の裏側でおこったことなどを言いあてる人がいて、それを心理学的、科学的に解明できずにいる。このような現象を偶然のことであるとか似非であるとして、完全に無視し、科学の研究対象から排除しているが、そうではなく、現在の科学の発展段階ではあつかえない領域であるが、将来はひょっとすると可能なことであるかもしれないという態度で考えるべきものであろう。」(長尾真　二〇〇一、一〇六頁)

④～⑦は、それぞれ生物学、医学、生命科学、心理学の分野における、今日の物理学的方法論では説明できない現象や事実を指摘したものである[20]。

ちなみに、朝永(一九七九)は、恐らくこれらに類する現象や事実の存在を踏まえてのことと思われるが、自身が物理学者でありながら、旧来の物理学的方法論とは異なる方向に今後の科学が発展していく可能性があるということを、すでに七〇年代末の時点で指摘していた。

⑧「もうこれ以上普遍性を追求するよりは、ありのままの自然のなかでどういう現象が起り、それがどういう法則に支配されるかという未知の分野を追求するほうが意味があるという時期がくるかもしれない。案外近い時期にくるかもしれない。そういうことを私は感じているわけです。」(二一四頁)

以上本節では、反証可能性や包括性(あるいは普遍性)等の、科学理論が満たすべき一般的条件と、科学実験における再現可能性が、科学の進展を促す上で決定的に重要であること、しかしながら同時に、伝統的な物理学的方法が必ずしもすべての事象を説明する上で有効であるとは限らないことを、代表的な文献に言及しながら解説してきた。

学生は、右に解説した科学の基本的な考え方や特徴、あるいは既存の学問的方法論の限界といったことについて、一般論として理解するのではなく、あくまでも自分の専攻する個別学問の個別的課題を自ら追究していく過程（つまり、前節でその重要性を説いた学問的な自問自答の訓練）を通して、体験的に理解していくことが求められるのである。

科学者のスタイリッシュな態度について

科学者は通例、自分の研究の結果、あるいは結論だけを公表し、その結論に至るまでの途中のプロセス、つまり研究の舞台裏はあくまでも内緒にしておこうとする。科学者のこのような習性ないし心的態度を、ここでは「科学者のスタイリッシュな態度」と呼ぶことにする。このような態度がほとんどすべての科学者に観察される一般的な特徴となっていることは、次に引用する湯川秀樹の発言からも窺える。

「数学者は何を考えているのかわからぬ。それは舞台裏をいわぬという習慣のせいもある。それがまた数学の本質かもしれぬけれども、私は物理学者の中でも、でき上がらぬうちから、自分がどう思っているかについて、あけすけに平気でいう方です。できてしまって、きれいに整理されたことをいうんでなくて、うまいこと整理できないことをいう。湯川さんのいうことはわからんとよくいわれる。自分でもよくわかっていないから、人にわからぬのはしようがない(笑)。数学だって実はそういう段階があるはずです。でき上がったもののきれいなのもよろしいけれども、人間がそれを生み出してゆく過程というものは、それ以上におもしろい。」(湯川秀樹・梅棹忠夫 二〇一二、七〇—七一頁)

ドロドロとした研究の舞台裏を他人に平気で明かすという湯川の姿勢は、同氏の仁徳のなせる業と言えるのかもしれないが、いずれにしても、このような科学者はめったにいるものではない。

翻って、このような科学者のスタイリッシュな態度を、これから学問の世界に足を踏み入れていこうとしている学生の立場から見た場合、このような態度は、結果として学生を学問の世界から遠ざけ、彼らを足踏みさせてしまうことになりはしないだろうか、という疑問が生じる。実際、第2節のはじめの方で引用したモリス・ハレ(Halle 1975)は、次のように指摘している。

「学生が教師から大いに助け船を出してもらえるという可能性も考えられなくはないのですが、実際にはその可能性はきわめて低いと思います。その理由は他でもない、教師は、たいていの知的職業人と同様、その著作や講義において、学問の公的な側面については詳しく論じますが、その私的な側面についてはほとんど何も語ろうとはしないからです。」(拙訳)【原文 It seems to me that students receive much less help from their teachers than perhaps they might, precisely because their teachers, like most professionals, dwell in their writings and lectures on the public aspect of science to the almost exclusion of its private aspect（p.526）.】

引用中の「学問の公的な側面（the public aspect of science）」と「その私的な側面（its private aspect）」という言葉は、それぞれ「公表された研究の結果（あるいは結論）」と、「研究の途中の段階（あるいは舞台裏）」を指すと解釈してよいであろう。つまり、これから学問の世界に入っていこうとしている学生は、手始めに何を行い、どのような手順で先に進んでいったらよいのかを知りたいと切に願っているのであるが、教師の方は、このような問題にはほとんど無頓着で、もっぱら研究の結論とその学問的意義に関心を集中させるのみなのである。これでは、当然のことながら、学問というのはどうやればよいのかという学生側の切なる問いに答えることはできず、高い志と強い意欲を持った学生をも学問の世界から遠ざけてしまう結果になるであろう。

大学に勤務している教員は、研究者であると同時に教育者でもある。教員は、この点に対してもっと自覚的であるべきだと思う。自分の研究をやっている時、あるいは研究成果を公表する時は、純粋に研究者として振る舞ってよいのであるが、学生を教育する場合には、そのスタイリッシュな態度を捨て、学問を行う際の手順も含め、学問の世界へと学生を道案内する役回りをきちんとこなしていかなければならないのである。また、その折には、研究者としてこれまで歩んできた過程において、自分がたくさんの間違いやヘマを犯してきたことも学生に話してやれば、賢い学生はきっとそれらの体験談から多くを学び取ることであろう。

「文系 対 理系」などの区別について

一般に学問は、その対象とする現象や事柄の性質に応じて、人文学、社会科学、自然科学などの分野に大まかに区分される。あるいは文科 対 理科といった区別の仕方もよくなされる。しかし、このような区分にこだわることはあまり好ましいことではない。このような区別そのものが学問の発展を阻害する大きな要因となる場合があり得るからである。例えば言語学という分野は、日本の大学では一般に文学部や外国語学部といった典型的な文系の学部の中に配置されているが、その研究対象(脳内の言語知識)や接近法(アプローチの仕方)から明らかなように、むしろ純然たる自然科学の一分野として発展してきたのである(福井直樹『新・自然科学としての言語学 生成文法とは何か』二〇一〇 筑摩書房 という題名の書物が出版されているくらいである)。生成文法の生みの親であるチョムスキーも、次の引用においても、学問分野の境界線が恣意的なものに過ぎないこと、そしてそれが研究の発展を阻害する恐れすらある旨を明確に指摘している。

「学問分野の境界線というものは、主に便宜上設けられた、人為的なものにすぎません。ですから時代と共に消えていくべきものであり、もちろん、研究や教育プログラムにとっての足かせと見なされてはなりません。我々が今まで議論してきた類いの言語研究は、原理的には人類生物学（human biology）という分野に収まるべきものだと私は思います。言語学の研究が十分に進展すれば、制度上の学部・学科構成もその方向に展開する見込みがかなりあると思います。」（チョムスキー 二〇一一、三七九頁）

ともかくも、自分の専門分野の狭い枠内に閉じ籠もるのではなく、文系か理系かを問わず異分野の考え方や方法論にも広く目配りし、より大きなコンテクストの中で自分の専門分野の意義や価値を認識できるようになることが重要なのである。場合によっては、隣接諸科学からの知見を自分の専門分野に取り込むことによって、思いがけない研究の発展の方向性を見出すことができるようになるかもしれないのである。

素粒子物理学者の坂田昌一は、科学者の社会的責任というもう一つ別の観点から、より広いコンテクストの中で自分の専門を相対化して学問を進めていくことの重要性を訴えているので、少し長くなるが次に引用しておく。

「ある人が現代という時代はですね、第二の文盲の時代だといっております。第一の文盲というのはこれは申すまでもなく字の読めない人がたくさんいる状態でありますけれども、この第二の文盲というのは、現代という時代が科学が非常に巨大な潜在力にまで発展して、人類の歴史をゆすぶるような状態になっているにもかかわらず、人類に対して科学が何をもたらしているかについて、科学者自身を含めて大部分の人が無知の状態である、そういう状態のことを第二の文盲といったわけであります。

［…］二〇世紀の科学者はもっと広い観点をもって、科学によってもたらされた新しい統一した自然観といいますか、自然と社会の全域を見通すことのできるような、そういう総合的な世界観を基礎にしながら学問を進めていくということが必要になってきたわけです。そのことが自分自身の学問を進める上に重要な意味をもっていますし、またそういう学問がどういうふうにほかの学問にはね返り、また技術にはね返り、さらに人類のほかの分野の営み、たとえば政治とか経済とか、そういうところにどういうふうにはね返っていくか、そういうことに対して盲目であってはならないような状態になってきたのです。こういう時代が科学時代と申しますか、現代のひとつの特徴的な様相だと思うのであります。」（樫本喜一編　二〇一一、二七二―二七三頁）

注

1 この通知は、何の脈絡もなく唐突に発せられたものでは決してなく、学問の社会的有用性を重んじる近年の風潮が露骨な形で表面化した一事例に過ぎないと解釈したほうが正しいであろう。実際、藤原正彦は、二〇〇六年の時点で、「役に立たない学問」を軽視する傾向が大学全体を支配していること、そしてこの風潮が国の将来に暗雲を投げかけるものであることを指摘している(藤原正彦　二〇〇六)。すなわち、

・「実際この二つ【人員削減と、産学連携などによる外部資金の導入】が両輪となって、現在、大学改革が進んでいる。端的に言うと、外部資金を稼ぎやすい部門を拡充し、そうでない部門を縮減するという政策である。[…]医薬農工などには陽が当たるが、哲学科、史学科、国文学科をはじめとする文学部の全学科、数学や理論物理などの基礎科学部門が企業と連携するチャンスはほぼないから、これからは日陰に追いやられる。このままでは役に立つ学問が栄え、役に立たない学問が凋落する、という図式が定着しそうである。」(一〇八―一〇九頁)

・「大学では、自由な発想でじっくり雄大な研究をする、という本来のあり方が成果主義に駆逐されつつある。産学連携のもたらした嵐にみまわれ、「役に立たない学問」は人員減で意気消沈している。ポスト減の意味するところは、「役に立たない学問」を目指す若者がいなくなるということである。[…]より恐ろしいのは、子供たちまでもが、「本なんか読んで何の役に立つの」とか「数学なんか勉強して何の役に立つの」などと質問することである。有用性ばかりを問う風潮が影響しているのだろう。子供が「勉強をして何の役に立つのか」などと問う国の将来は限りなく暗い。」(一一三頁)

2 ジョン・ステュアート・ミルは、一八六七年二月一日に行った、セント・アンドルーズ大学名誉学長就任講演の中で、科学教育と文学教育がそれぞれ果たす役割の相互補完性について、次のように指摘している。

「科学教育はわれわれに考えることを教え、文学教育はわれわれに考えたことを表現することを教えるといって何の差し支えもないとするならば、その両方を必要としないなどとどうして言えましょう。」（J・S・ミル二〇一一、二一頁）この文章は、ナイーヴな表現ながら、時空を超えて成り立つと思われる、大学教育の在り方に関する普遍原則とでも言うべき内容を、約一五〇年の時を経て、われわれに伝授してくれている。いくら時代が変わったとはいえ、この大学教育の原点を忘れるようなことがあってはならないであろう。

3　平成二七年九月九日には、一般社団法人 日本経済団体連合会（経団連）が「国立大学改革に関する考え方」を発表し、その中で「今回の通知は即戦力を有する人材を求める産業界の意向を受けたものであるとの見方があるが、産業界の求める人材像は、その対極にある。」と反論し、「人文社会科学を含む幅広い教育の重要性」を改めて訴えて、文科大臣通知を批判した。

文科大臣通知に対する経団連のこのような反論や批判は、字義通りに解釈してよければ、きわめて真っ当な趣旨の反応と受け取ることができるので、このような声明を出された経団連に一大学人として改めて敬意を表したいと思うが、「経済界の人材要請が経済団体の公式見解である「総論」と、採用担当者レベルの「各論」が異なることに、産業界が期待する教育と人材像の曖昧さの原因がある。そう考えると、冒頭にふれた通知【文科大臣通知】に対する経団連の声明の趣旨は、はたして採用担当者などの現場のものになっているのだろうか。」と、竹内 洋（二〇一六、三三頁）が懸念しているように、やはり一抹の不安が残るのも事実である。

その一方で、肝腎の国立大学協会がこの問題に関していかなる声明も公表していない、あるいは公表しなかったのは、どう考えても腑に落ちないことと言わざるを得ない。

4　文部科学省は、例えば平成二五年一一月に公表した「国立大学改革プラン」の中で、今後、各国立大学が、①「世界最高の教育研究の展開拠点」、②「全国的な教育研究拠点」、③「地域活性化の中核的拠点」、の三類型のいずれかに機能分化していくことを求めている。なお、「機能別分化」を含む近年の国レベルの「大学改革」政策の詳細については、室井 尚（二〇一五）の第二章を参照されたい。

5　本文では大学教員が学生を信頼して教育に当たることの重要性を強調したが、この教員としての資質は、高等教育のみならず初等・中等教育においても必要とされる、教員としての基本的資質の一つであると考えられる。苫野一徳（二〇一一）は、初等・中等教育におけるこの資質の重要性について次のように力説している。

・「子どもたちへの信頼は、たいてい裏切られ、教師は失望させられることになる。しかしそれでもなお、子どもたちを信頼し続けること。そのような意志を持ち続けること。そうした忍耐力が、教師に求められるのだ。」（一九四頁）

・「信頼と忍耐は、時代を超えた教育の秘訣であり、そしてまた、教師にとって最も重要な資質である。」（一九五頁）

・「教師の権威はいかにして可能か。私はここでもまた、その最大の条件は「信頼」にあるといいたいと思う。子どもたちをどこまでも「信頼」し抜こうとする強い意志。子どもたちはそれを必ず察知する。そしてその信頼に、応えたいと思う。子どもたちへの「信頼」こそが、子どもたちに自ら成長しようとする力を与える、敬愛される権威ある教師の条件なのである。」（一九八頁）

6　国の「機能別分化」の方針に応じ自らを「教育重視型大学」と位置づけている大学が相当数存在していると思われるが、次に引用する広田照幸（二〇一三）が指摘しているように、中には「うちの大学は教育を重視するわけであるから、研究はしなくてもよい」と、とんでもない思い違いをしている大学もあるようである。「うわさで聞くと、近年は「教員は教育に専念してくれればよいから、研究関連の活動は不要だ」と管理者が言い放つ大学も現れてきているらしい。しかし、それは大学の自殺行為だ。どの分野も一〇年・二〇年の間に知は進展し、リニューアルされる。それゆえ、アカデミック・コミュニティとの関係を持たないままの大学教員は、研究能力を喪失するだけでなく、教育面でもいずれ時代遅れになってしまう。古ぼけた頭の教員ばかりを抱える大学になるか、あるいは教員を使い捨てにする「ブラック大学」になってしまうだろう。」（広田　二〇一三、八頁）

大学教員の質は、特に博士論文の指導を担当する教員の場合に、大きく問われることになる。この問題について、安西祐一郎（二〇一一）は次のように指摘している。

・「優れた博士論文をいくつ指導したか、指導した修了者が社会でどう活躍したかが、大学教員の重要な評価尺度にならなければならない。」（安西　二〇一一、五―六頁）

・さらに佐藤彰一（二〇一一、三七頁）は、次のように主張している。

「教員の側に自分で博士論文を作成した経験がないと、適切な指導がなかなかできない［…］。その意味で、博士論文指導教員は博士号取得者に限り、「もしくは同等の能力を有する」という通例の付則は、ことの性格に照らして禁ずべきであろう。」

博士課程を担当する教員が、これらの引用において指摘されている条件を満たすことが求められるというのは、教育の質保証という観点からも当然のことと言えるであろう。

7 学生に知的刺激を与え学問のおもしろさを伝えることのできる授業、そのような意味での高度な教育内容こそが重要である旨を述べたが、実は学生自身が授業内容の充実化を望んでいるのである。例えば、現役の京都大学の学生が編纂した安達千季 他（編）（二〇一三）『ゆとり京大生の大学論』（ナカニシヤ出版）という本の第二部に、学生同士の討論が載っているが、その中である学生が次のように発言している。

「最近は講義への出席を義務化しようとする流れがあるじゃないですか。これも「単位の実質化」の一環なんでしょうけど、僕はむしろ、他の用事と講義とを天秤にかけたときに、もっと悩むくらい、欠席したとしても「出たかったなぁ」と後悔するくらい、講義の中身を充実させることの方が大事なんじゃないかなぁと思うんですよね。」（一四一頁）

8 「創造する」あるいは「創造的」という言葉の意味について、加藤秀俊（二〇〇九、一六一―一六二頁）は次のように説明している。すなわち、

「一般的な「思いこみ」を破った思考によって問題解決にいたることを「創造」という。「創造的」な人間というのは、既存の思考枠を、いったん白紙にもどして、はじめから考えなおしてみることのできる人間のこ

とである。はじめから考えなおして、あらたな枠をつくることのできる人間のことである。「創造的」人物は、既存のさまざまな思いこみにによって、がんじがらめにしばられている「常識人」と対照的な存在なのだ。いうまでもないことだけれども、古来、人間の世界における「進歩」を形成してきたのは、ひとつの例外もなく、「創造」する力であった。それまでにあった、いっさいの思いこみを、根本から疑いなおしてみること――このことから、あらゆる発見と発明がうまれた。」

チョムスキーの言う「創造性」や「創作力」という言葉も、加藤の言う意味で用いられていると解釈してよいであろう。

9

竹内洋（二〇〇八）も、福田恆存の教育論に言及しながら、人間性や社会性に関わる美徳は、徳育に関する科目を設けることによってではなく、通常の知育を中心とした教育を通して間接的に培うべきものであろうと論じている。すなわち、

「明治以来の教育改革でいつも目玉になってきたのは、徳育で、知育ではなかった。なるほど知識がいくらあっても徳の低い人では困る。徳の高い人が望ましいのはきまっている。しかし、そうした徳を学校教育の中で、しかも特定の教科として教育することで、培うことができるのだろうか……。

福田【恆存】は、教育とは、たずさわる個人が本当に所有しているものだけしか伝達されえないものであるとして、徳育というなら、「どんな教師にその資格があるのか」という。だから学校教育は知育に限定すべきだ、というのである。

もちろん、徳育の必要がないと福田がいっているわけではない。むしろ反対である。教育の真の価値は、知識や技術以上のものが伝達されることにあることは十分みとめている。しかし、それは教科としての徳目のようなものから生まれはしない、といっているのである。

知識や技術を教えながらも、そこから「注意力や判断力」「公正、誠実、忍耐」「社会性」などの美徳が生まれてくることを期待するのである。美徳は知識や技術の教育から無意図的に滲み出るときにのみ、本当に伝

達されるものだ、というのである。

わたしたちが自らをふりかえってみても、生きかたの指針は先生や上司、先輩から知識や技術を教わるなかで、無意識的に伝達されたものが多い。道徳の教科書のようなもので学んだことによるという人は少ないだろう。」(一五二―一五三頁)

10 例えば二〇〇五年の中教審答申『我が国の高等教育の将来像』は、「全体規模の面のみからすれば、高等教育についての量的側面での需要はほぼ充足されてきており、同年齢の若年人口の過半数が高等教育を受けるというユニバーサル段階の高等教育が既に実現しつつあると言える。しかし、今後は、分野や水準の面においても、誰もがいつでも自らの選択により学ぶことのできる高等教育の整備、すなわち、学習機会に着目した「ユニバーサル・アクセス」の実現が重要な課題である。」と述べているし、二〇〇八年の中教審答申『学士課程教育の構築に向けて』も、「大学で学ぶ者が特定の年齢層に狭く偏っている現状こそが、我が国の大学あるいは社会の抱える課題を示している。」と指摘している。

11 天野郁夫(二〇一三)もほぼ同様のことを指摘している。すなわち、「ユニバーサル化は、学習の生涯化と不可分の関係にある。ユニバーサル段階への移行実現には、新規高校卒業者の五〇%を超える進学や「全入」状態だけでなく、高等教育における生涯学習者の増加が必須の条件である。そしてそのためには、学習機会の「利用」を容易にする社会・経済的な条件の整備とともに、高校卒業と同時に進学してくる若者を前提に構築されてきた高等教育システム全体の、これまで以上に大胆な組み換え、再編成が必要とされる。新しい需要の開拓は、その意味で著しく遅れていると言わなければならない。」(二一六頁)
また松下佳代(二〇一二)は、大学が生涯学習者を受け入れるに当たり、カリキュラムの扱う範囲を大幅に拡大する必要性を訴えている。すなわち、「初年次教育やキャリア教育は学士課程教育を大学以前・大学以後と接続させるものであるが、カリキュラムのカバーする範囲は、生涯学習時代の現在、さらに人生全体へと広がりつつある。」(五二頁)

12

社会人の学び直しの場としての大学を、吉見俊哉（二〇一六）は「人生の転轍機としての大学」、と実に巧みに表現している。吉見の主な論点を以下に引用しておく。

「何よりも必要なのは、日本の大学を、「高校生」と「社会人」の中間にある通過儀礼的な組織から、人生の様々な段階で参加するビジョンやキャリアの転轍機に構造転換させていくことです。この転換は、「入力」の転換と「出力」の転換という二つの転換によって実現されます。「入力」の転換とは、大学への入学者の大半を高校卒業者が占めるようなあり方からの転換です。私は、二一世紀半ばの日本では、人々は人生で三回、大学に入るのが望ましいと思うようになる、少なくともそんな社会の実現を大学は目指していくべきだと考えています。三回というのは、一回目が、だいたい一八歳から二一歳くらいまでです。二回目が、だいたい三〇歳代前半、三回目が、だいたい六〇歳前後です。[…]二回目の三〇歳代前半ですが、これは就職した人が一通りの職場経験を積み、自分の仕事の可能性と限界が見える年齢を考えています。[…]三〇歳代前半ならば、もう一回大学に入り直し、全力で何かを学んで新しい人生を歩んでいくという別の人生へのビジョンを考えることができます。第三に、六〇歳前後ですが、これは職場でのキャリアをほぼ終え、定年を迎える時期です。[…]経験を積んだ人が新しい道に向かおうとするときに必要なのは、自らが蓄積してきた知識や方法を相対化できる能力です。そのような能力を身につけるために、人生最後のチャレンジとなる一五年間の最初の数年間を使って大学に入り直し、それまでの自分の価値観を自ら突き崩し、新たな知的想像力の基礎を築いていこうとする人の母集団は、実は膨大にいるはずだと思います。[…]二一世紀の大学は、三〇歳代の社会人の現場的知識、六〇歳前後の社会人の深い経験値と関係調整能力、それに二〇歳代の学生たちの知的柔軟さや論理的分析力がタテに対話し、そこから新しい価値や認識が創造されていく刺激に富んだ場になっていくはずです。」（吉見俊哉　二〇一六、一九三―一九七頁）

なお、二〇一五年八月三一日に開催された、中央教育審議会大学分科会大学院部会に提出された資料の一つに、『大学院教育改革の推進について～未来を牽引する「知のプロフェッショナル」の育成～（案）』というものがある。その中で、大学院教育改革の「七つの基本的方向性」なるものが示されており、その一つとして「産学官民の連携と社会人学び直しの促進」が挙げられているが、これは時宜を得た提案として大いに評価すべきであろう。

13　この点について苅部は、同書の中で次のようなより詳しい説明を述べている。すなわち、「人が、世界をとらえ、しかもその世界が独自の原則にのっとって動いていることを、深く認めながら、それを理解し、世界とのおりあいをつけてゆくこと。他者が、自分とはまったく異なる志向をもった人間であることを了解しながら、ともに関係を保持し、新たに作りあげてゆくこと。そうした一連の営みを通じて、自分自身が変わってゆくこと。知識や情報としての「教養」をこえた、「教養」の極限と言うべき、こうした心の習慣が、「教養」の営みの基盤になる。」（一九八頁）と説き、さらに「一方が他方に対して働きかける、一方向の操作のはたらきではなく、それぞれにもちあわせている有限な情報を、おたがいにくみあわせ、構成しなおすことで、現状に対応する手だてをあみだす。そうした、他者との水平の関係のなかでこそ、「教養」の基盤は培われるのである。これは、相手とおたがいに知恵を出しあい、たがいの言葉に驚きながら、それぞれに自分を変えてゆく過程であ」る（二〇〇頁）、と補足説明している。

同様に鶴見俊輔も、作家の関川夏央との対談の中で、「ネガティブ・ケイパビリティ」という概念を用いて、相手の影響を受けて自分を変えていくという「受け身」の知的能力の重要性を指摘している。「【鶴見】能力には積極的な能力、「ポジティブ・ケイパビリティ」に対して、受け身の能力、「ネガティブ・ケイパビリティ」というのがある。【関川】「ネガティブ・ケイパビリティ」とは、具体的にいうと何ですか。【鶴見】「ネガティブ・ケイパビリティ」というのは、パアーッと投げられたときに柔道でいう受け身ですね。【関川】それが。【鶴見】「ネガティブ・ケイパビリティ」というのです。自分の思想をグッと押し出すのはポジティブ・ケイパビリティなんだけれども、ここにいる人の影響を受けて、自分を変えていく能力がネガティブ・ケイパビリティです。両方とも重大なんです。」（鶴見俊輔・関川夏央　二〇一五、八九―九〇頁）

内田樹（二〇〇八、八九頁）も、もちろん表現の仕方はまったく異なるが、次のように苅部や鶴見とほぼ同趣旨の主張を展開している。「教養教育というのは、要するにコミュニケーションの訓練だということです。それも、なんだかよくわからないものとのコミュニケーションの訓練です。共通の用語や度量衡をもたないものとのコミュニケーションの訓練。[…]私たちがふだんなにごともなく使っている人間的用語や人間的尺度が「使えない」という条件で、何とかコミュニケーションを成立させる。その訓練が教養教育ということのほんとうの目的ではないか。」

14　「木を見て森を見ず」という諺があるが、自分の立場を全体の中で相対化して考えるという訓練は、知の細分化に伴いますます疎かにされる傾向にある。赤坂憲雄はこの傾向が強まりつつある現状を憂え、次のように警鐘を鳴らしている。「原発に限った話ではありません。思えば一九九〇年代以降、自然科学系だけではなく、人文科学系とか社会科学系とか、学問や知がきわめて細分化して、部品や用途や細部だけ見ればいい状況が重なって、トータルに考える訓練がなされずにきた。だから、われわれも原子力の専門家たちを笑うことはできません。われわれもまた知の細分化のなかで社会や現場からまったく当てにされない、頼りにされない状況にあります。」(山折哲雄・赤坂憲雄　二〇一一、五三頁)

15　木畑洋一(二〇〇五、九四頁)も次のように類似の意見を述べている。「人間は、一人では生きられない。社会のなかで、他の人間とのかかわりのなかで生きている。また、人間とのかかわりのなかでも、それぞれの人間は謙虚さがあってはじめていかによく生きるかと問うことができる。それにはやはり社会あるいは世界のなかで自分たちの持っている位置を定めていくということが非常に重要です。それが教養ということになるんだろうと思うんですね。」

16　参照基準が策定済みとなっている分野を列挙すると、二〇一二年度には経営学、言語・文学、法学の三分野が、二〇一三年度には家政学、機械工学、数理科学、生物学、土木工学・建築学の五分野が、二〇一四年度には経済学、材料工学、地域研究、史学、政治学、地球惑星科学、社会学、心理学、文化人類学、地理学の一〇分野が、そして二〇一五年度には社会福祉学、電気電子工学、農学、統計学、情報学、哲学の六分野が、合計すると二四分野が、すでに策定済みとなっている。この他、医学と化学の二分野に関して、それぞれの参照基準検討分科会で現在策定作業が進められている。

なお、統計学分野の参照基準は、日本学術会議のものとは別に、二〇一〇年八月に統計関連学会理事会及び同統計教育推進委員会において策定されており、また体育学分野の参照基準も、二〇一一年一〇月に全国体育系大学学長・学部長会において策定されている。

17 絹川正吉(二〇〇八、二三頁)も次のように類似の意見を述べている。「「学士課程教育」では、いわゆる専門科目は専門教育科目でなく専門教養科目として位置付けられる。専門教養科目とは、専門科目としての深さの学びと共に、教養科目としての広さの学びを有するものでもある。広さの学びとは、様々な科目の累積ではなく、その学びを通してスコープ・展望が得られるものである。そういう「専門教養科目」の開発が、「学士課程教育」の実質を形成するのではないか。」

18 須藤 靖も、物理学の理論が満たすべき条件として類似の尺度を挙げている。すなわち、「少なくとも物理学においては、ある理論が受け入れられるにいたった過程は、既知の実験・観測結果をどれだけ無矛盾に説明できる理論であるかということと、その理論自体の単純さ、美しさ、普遍性、汎用性などといった尺度が絡まっているのだと思います。」(須藤 靖・伊勢田哲治 二〇一三、七一頁)

19 多くの研究者によって指摘されているように、ここで論じている「包括性」や「普遍性」という条件は科学の進展を促す上で決定的な役割を果たしてきた。代表的な意見を次に引用しておくことにしよう。

・「科学がいろいろと自然の実態を見ていくうちに、ある法則を新しく見つけたとする。その方が、従来の法則よりも、もっと広い範囲にわたって、現象の説明に役立ち、また新しい研究の緒口を与えてくれれば、それはすぐれた法則である。」(中谷宇吉郎 一九五八、三五頁)

・「最も根源的な、科学を人間の創造的営為とし、人を科学に惹き付ける根本的要因を1つ挙げろと言われたならば、筆者は躊躇なく「仮説発想」のプロセスを挙げる。仮説発想(パースのいう abduction に近い)の起こり方には色々あるが、そのうちで最も根本的なものは、これまでバラバラで関係がないとされてきた事柄の間に関連性を見出し、それらを統合することである。過去において、代表的といわれる科学的発見はほとんど全てこの特徴を有している。」(福井直樹　二〇一二、一八六―一八七頁)

・「一つの原理の適用限界がわかったときに、科学者はより広い範囲に適用され得る原理を見つけだそうと努力する。私どもはまだ知らないけれども、より包括的な原理が存在することを信じているのである。」(湯川秀樹　二〇一五、一八八頁)

20　池内了は、従来の物理学等におけるいわゆる要素還元主義が、複雑系の科学の研究対象にはまったく通用しない旨を指摘し、次のように述べている。「要素還元主義は、原因と結果が一対一で、事象の発展が一直線であり、部分の和で全体をスパッと結びつけてしまう発想です。ところが、複雑系の科学が対象にするものは、曲がりくねっていて、いろんなところからさまざまな影響を受け、それぞれに対して異なった反応をする状態が重なり合うことになりますから、全体としての新しい運動のモードが発生したり、時間が経ってから過去の影響が出てきたり、条件次第でまったく逆の結果に導かれたり、原因と結果が入れ替わったりと、要素還元主義では考えられないような現象が生じるのです。そういうものとして人間なり、生態系なり、気象なりを見るべきだと思うのです。」(池内了・島薗進　二〇一五、二三三―二三四頁)　なお池内は、「複雑系」という用語について、同書の中で次のように説明している。「相互に関連する複数の要因が非線形作用で相互に関係し合っており、その効果が全体として何らかの性質(あるいはそういった性質から導かれる振る舞い)として表れる系。その全体としての挙動は個々の要因や部分からは明らかでなく、一般に、全体は部分の和以上であり、結果と原因は一対一で対応せず、状況次第では原因と結果が入れ替ったり、原因の条件次第でまったく逆の結果が導かれたりする。」(同書、四九頁)

第Ⅱ章

「学士力」とは何かを考える

1 「学士力」の構成要素

中教審答申における学士力の「参考指針」

第I章第2節で論じたように、（大学）教育の基本的な目的は、創造性と創作力の涵養、及び自立的な市民の育成にある。この目的を果たすためには、卒業時までに学生に具体的にどのような資質や能力を身につけさせる必要があるのかを明らかにする必要がある。ここでは、そのような資質・能力のうち、学士課程に在籍するすべての学生が共通に身につけるべきものを、慣例に倣って「学士力」と呼ぶことにする。

「学士力」という概念が初めて導入されたのは、周知の通り二〇〇八年の中教審答申『学士課程教育の構築に向けて』においてであった。その中で「参考指針」として示された「学士力」の案を念のために次に再録しておく。

「各専攻分野を通じて培う学士力～学士課程共通の学習成果に関する参考指針～」

① 知識・理解

専攻する特定の学問分野における基本的な知識を体系的に理解するとともに、その知識体系の意味と自己の存在を歴史・社会・自然と関連付けて理解する。

(1)　多文化・異文化に関する知識の理解

(2)　人間の文化、社会と自然に関する知識の理解

②　汎用的技能

知的活動でも職業生活や社会生活でも必要な技能

(1)　コミュニケーション・スキル

日本語と特定の外国語を用いて、読み、書き、聞き、話すことができる。

(2)　数量的スキル

(3)　情報リテラシー

情報通信技術（ＩＣＴ）を用いて、多様な情報を収集・分析して適正に判断し、モラルに則って効果的に活用することができる。

(4)　論理的思考力

(5)　問題解決力

③　態度・志向性

(1)　自己管理力

(2)　チームワーク、リーダーシップ

(3) 倫理観
(4) 市民としての社会的責任
(5) 生涯学習力

④ **統合的な学習経験と創造的思考力**

これまでに獲得した知識・技能・態度等を総合的に活用し、自らが立てた新たな課題にそれらを適用し、その課題を解決する能力」

中教審答申の学士力の参考指針は右記の通りである。ある意味ではやむを得ないことなのかもしれないが、総花的な内容の案で、学士力の中核をなす能力が何であるのかがはっきりしない。この点を明確にする必要があろう。

持続的学習力と無知の自覚

学士力の構成要素となり得る資質や能力に関して、これまで多くの識者や教育関係者によってさまざまな提案がなされてきた。例えば草原克豪(二〇一〇)は、大学教育を通して培うべき能力として、「物事を論理的に考える能力、真実を探求する精神、批判的な思考力、人生や価値についての深い考察力」(八二頁)や「客観的なものの見方、合理的な思考力、倫理的な判断力、コミュニケーション能力」(二九一頁)などを挙げている。あるいは猪木武徳(二〇〇九)は、大学で学生が身につけるべき非認知的(non-cognitive)な能力として、「「教養」をベースにした判断力、とくにさまざまな価値にたいして、その場、そのとき、その状況に応じて的確な優先順位をつけうる能力」(八九―九〇頁)が重要であると論じている。

さらに秋田喜代美(二〇一六、一〇一頁)は、人生九〇年の超高齢社会を有意義に生きていく上で必要とされる資質や能力も視野に入れ、次のように主張している。

「長寿社会において幸せに生きる生活者として求められる資質は、いわゆる学業達成や学力で捉えられる能力のみではない。人をケアし・ケアされる互恵的な関係を営む資質や、自らの心身の健康に対する感受性や体調を整え、生活を自己管理する資質も問われている。[…]卒業後多様な職業選択をして働き、家族を形成し、親としても市民としても社会に参画していくには、そのための知識やスキル形成も大切である。」

このようにさまざまな意見が公にされているわけであるが、その中でとりわけ注目すべきなのが天野郁夫(二〇一三、二七―二八頁)の意見である。氏は、あるアメリカの学者が、学士課程教育の目的として四つのC(コミュニケーション、クリエイティビティ、クリティカル・シンキング、コンティニュアス・ラーニング)を挙げているが、このうち一番重要なCはコンティニュアス・ラーニングであり、他の三つはそれを支えるためのいわばツールであると主張している。山上浩二郎(二〇一三、一七七頁)も、大学で培われるべき能力として「学び続ける力やものごとを相対的に見る力、問題解決能力、問題提起能力、表現力など基礎力といわれているもの」を指摘し、天野と同様「学び続ける力」を筆頭に挙げている。つまり、大学卒業後も自ら学び続けていく持続的学習力を身につけることが何よりも大切だと説いているのである。

では持続的学習力を身につけるためにはどうすればよいのであろうか。やはりそのためにはひたすら自学自習に打ち込み、そうすることによって自分がいかに無学であり無知であるかを自覚する以外に方法はないであろう。この点に関して亀井勝一郎(一九七三、一七七頁)は次のように指摘している。

> 「誤解してならないのは、無学とは、学ばないという意味ではない。学問無用論ではない。学んでしかも無学であることが大切なのである。学問を鼻にかけないという気持はむろんあるし、知識過剰からくる観念性への警戒もある。深く学んで、しかも無名の民として埋れていてもよいという隠者の心構えもある。[…]私の読んだかぎりで言えば、東西をとわず一流の文学者や思

想家のうちには、みなどこかに「無学」な表情がある。」

最近では内田 樹(二〇一二、二八五頁)も次のように類似の主張を展開している。

「「学ぶ力が伸びる」ための第一の条件は、自分には「まだまだ学ばなければならないことがたくさんある」という「学び足りなさ」の自覚があること。無知の自覚といってもよい。これが第一です。」

持続的学習力を身につけるための方法は、自学自習の継続によって自分の無知さ加減を自覚することに尽きるわけだが、これらをひっくるめて一言で言うなら「向上心」を身につけることが大事だということである(岡部光明 二〇一三、一四、二一九―二二〇頁参照)。すなわち、自分が無知であることを自覚し、正義や真理を求めてさらなる学習を継続していく過程で、学ぶ楽しさや知る喜び、あるいは知的な感動を体得し、この経験を基に自分をさらに高めようと努力していくことができるかどうかが問われているのである。

2　学生の学習意欲の問題

学生の知性を触発する教育を！

持続的学習力を身につけるためには自学自習の継続が重要である旨を前節で述べたわけであるが、それでは学生に自学自習の習慣を身につけさせるためにはどうすればよいであろうか。そのためには、第Ⅰ章第1節で指摘したように、少なくとも学生に知的高揚をもたらすような刺激的な内容の教育を学生に提供する必要がある。もちろん、学生が授業を通して知的触発を受け自発的に学習を進めていこうとする姿勢を身につけるためには、いくら授業担当教員が刺激的な授業を行ってもそれだけでは十分ではなく、学生自らがそのような知的刺激を受け止めるだけの器量、すなわち忍耐力や勤勉性を持ち合わせていなくてはならない。学生側にこのような基本的態度が整っていさえすれば、あとは教員側が学生に自主的な学習を促すことのできるような知的刺激に満ちた教育を行い、学生に学問のおもしろさを伝えさえすればそれでよいのである（もちろんそう簡単なことではないが）。

二〇〇八年の中教審答申『学士課程教育の構築に向けて』は、「今日の大学教育の改革は、国際的には、学生が修得すべき学習成果を明確化することにより、「何を教えるか」よりも「何ができるようになるか」に力点が置かれている。」とし、「このことは、教育内容以上に、教育方法の改善の重要性を意味する。」、と指摘している。そしてこの提言を受ける形で、二〇一二年の中教審答申『新たな未来を築くための大学教育の質的転換に向けて～生涯学び続け、主体的に考える力を育成する大学へ～』は、次のような具体的提言を行っている。

「生涯にわたって学び続ける力、主体的に考える力を持った人材は、学生からみて受動的な教育の場では育成することができない。従来のような知識の伝達・注入を中心とした授業から、教員と学生が意思疎通を図りつつ、一緒になって切磋琢磨し、相互に刺激を与えながら知的に成長する場を創り、学生が主体的に問題を発見し解を見いだしていく能動的学修（アクティブ・ラーニング）への転換が必要である。」

この提言を受け、文部科学省の指導の下、多くの大学はアクティブ・ラーニングの研修会を開いたり、グループ学習等の手法を実際の授業に導入しようと試みたりしている。

しかし、このような教育方法の「改善」によって「生涯にわたって学び続ける力」や「主体的に考える力」を涵養することが本当にできるであろうか。このような力は、創造性と創作力を発揮し自立的な市民として生きていく上で必須の要素と考えられるが、アクティブ・ラーニングを導入すれば涵養できると単純に考えることはできない。まずは自学自習の習慣が身についていなければ無理であろう。

そのためには少なくとも、教員が学生の知性を触発するような刺激的な内容の教育を行う必要がある。基本的には教育の方法ではなく内容の問題であろう。

多くの識者が教育内容の重要性を改めて訴えている。代表的な意見を次に引用しておくこととする。

① 「問題は知識の有無以上に、学習意欲の有無にあります。学習意欲があれば知識は獲得できるわけで、学習意欲を高めるような、知的にチャレンジングな教育を、大学が学生たちに提供することができるかどうか。」(天野郁夫　二〇〇四、二三二頁)

② 「必要なことは、授業外で自習せざるをえないような、そしてまた自発的に自習したくなるような授業を大学と教員団が創り出していくことだろう。」(松下佳代　二〇一二、四二―四三頁)

③ 「教養教育にとって不可欠なもの、それは、知性を触発する話が語られ、聴かれるという事態そのものである。[…]聴く側の知的関心を刺激するかたちでなされることが大事なのだ。」(高橋由典　二〇一三、五五頁)

④ 「意欲や好奇心に火をつけて自発性を育むことこそ基本ではないか。」(山上浩二郎　二〇一三、一六五頁)

⑤ 「学生の好奇心や意欲、野望に火をつける触媒の役割を教員や授業がしなければならない。」(山上浩二郎　二〇一三、一九六頁)

⑥【阿部謹也】「ぼくは、学生の負担を軽くするという発想は間違っていると思います。若いときにうんと負担をかけないとだめなんです。若いときに負担を軽くする必要なんか、どこにもない。とは言え、教え方に問題があるし、カリキュラムにも問題がありますけど。強制的にやるのではなくて、おもしろさというものを発見できるような方法をとらなければいけない。学問はおもしろくなくてもいいものだ、と思っているところがあるんじゃないですか。」（阿部謹也・日高敏隆二〇一四、五四頁）

3 「（主体的な）学び」とは何か

「学ぶ」とはどういうことか

二〇一二年の中教審答申『新たな未来を築くための大学教育の質的転換に向けて～生涯学び続け、主体的に考える力を育成する大学へ～』は、学生の主体的な学びを確立するための方策として次のような提言を行っている。

「学生の主体的な学びを確立し、学士課程教育の質を飛躍的に充実させる諸方策の始点として、学生の十分な質を伴った主体的な学修時間の実質的増加・確保が必要である。」

しかし、学修時間の確保が重要でないとは言わないが、果たしてそのことが主体的な学びの習慣を学生に身につけさせるための方策として機能し得ると言えるであろうか。なぜこのような疑問が生じるかと言うと、そもそも主体的な学びを確立すること自体がそう簡単なことではないからである。「主体的な学び」という言い方がなされているが、そもそも「主体的」とはどういうことか、また「学び」とは何を意味するのか。まずは後者の問いから考えてみることにしよう。内田樹（二〇〇八、五九―

六〇頁）はこの問いに関連して次のように述べている。

「『学び』というのは自分には理解できない『高み』にいる人に呼び寄せられて、その人がしている『ゲーム』に巻き込まれるというかたちで進行します。この『巻き込まれ』（involvement）が成就するためには、自分の手持ちの価値判断の『ものさし』ではその価値を考量できないものがあるということを認めなければなりません。自分の『ものさし』を後生大事に抱え込んでいる限り、自分の限界を超えることはできない。知識は増えるかもしれないし、技術も身につくかもしれないし、資格も取れるかもしれない。けれども、自分のいじましい『枠組み』の中にそういうものをいくら詰め込んでも、鳥瞰的視座に『テイクオフ』（take-off, 離陸）することはできません。それは『領地』を水平方向に拡大しているだけです。

『学び』とは『離陸すること』です。

それまで自分を『私はこんな人間だ。こんなことができて、こんなことができない』というふうに規定していた『決めつけ』の枠組みを上方に離脱することです。自分を超えた視座から自分を見下ろし、自分について語ることです。自分自身の無知や無能を言い表わす、それまで知らなかった言語を習得することです。」

つまり「学ぶ」とは、「自分を超えた視座」(「鳥瞰的視座」)を獲得することだと内田は主張しているのである。このような視座を獲得するためには、本章第1節で論じたように、自学自習の継続によって自分の無知さ加減を自覚することが大事であり、また、第I章第3節で詳述したように、学問的にも社会的な意味においても、他との比較を通して自分の位置を確かめるという自己相対化の訓練が重要になってくるであろう。

佐々木 毅(二〇一二)も「学ぶとはどういうことか」という問いを追求し、次のような四段階説を唱えている。

・「「学ぶ」の第一段階は、事実ないし確実とされている知識や情報を「知る」こと、記憶することである。」(八〇頁)
・「第二の段階は、こうした知識や情報の内容を「理解する」ことである。これはどうしてそうなるのかといった形で、原因と結果の関係、いわゆる因果関係に目配りしたり、物事の広範な構造に遡って事実とされているものを「理解する」ことである。」(八六頁)
・「このことを延長すれば、「学ぶ」の第三の段階、すなわち、事実や事実の関係とされているこうした知識や情報を「疑う」ことにつながっていく。」(九一頁)
・「第四の段階は、既存の知識・情報を「超える」こととしての「学び」である。これは「疑う」という段階を超えて、事実や現実に対置される新たな「適切な」可能性を追求し、時には新しい境地に帰依することを意味する。」(九八－九九頁)

つまり「学ぶ」という行為は、「知る」、「理解する」、「疑う」、「超える」という四つの階層的な段階から構成されるというわけである。「学ぶ」という行為が第四の「超える」という段階に達したならば、先の内田の言う「鳥瞰的視座」が獲得できたことになるはずなので、両氏は実質的に同じことを主張していると考えてよいであろう。

「学ぶ」ことが、「超える」段階にまで到達する、あるいは「鳥瞰的視座」を獲得するという高次の目標を達成することを意味するとしたならば、これは相当ハードルの高い目標を前提とした行為と言わねばならず、必然的に大学の四年間だけでなく、各人が一生続けていかなければならない、あるいは続けていくにふさわしい行為と言ってよいであろう。いずれにしても、日本の大学生の学修時間が諸外国に比べて圧倒的に短いことはそれ自体問題ではあるが、学修時間の確保が主体的な学びの確立にとっての本質的な課題でないことだけは確かである。

「主体的に学ぶ」とはどういうことか

それでは「主体的な学び」の「主体的」とはどういう意味であろうか。この点に関して、勤務先の神戸大学で医学生や研修医に教えている医学者の岩田健太郎（二〇一二）は次のように説明している。

「主体性は、どんなに「アツくなる」シチュエーションでも「ちょっとクールダウンしようぜ」と立ち止まる意志のことをいう。誰が何といおうと。周りにどう思われようと。主体性は一見矛盾する二つの行為を同時に行う、大人の態度である。他者の言葉に耳を傾けつつ、他者に流されない態度である。

それは勇気とほぼ同義であるとぼくは思う。」（九〇頁）

その上で岩田は「主体的に学ぶ」ことの意味を次のように説いている。

「主体的に学ぶとは、自らが自分の意志で学ぶことである。思考停止に陥ることなく、「ほんとうにそうだろうか」と前提を疑い続け、考え続ける態度で学ぶことである。したがって、そこには誤謬が伴わなければならない。なぜなら、思考を重ねるとは試行錯誤を重ねることであり、試行の果てには必ず「誤謬」があるからである。ああでもなく、こうでもなく、と試行錯誤を繰り返し、誤謬を重ねながら、正解の見えない正解を模索していくのが、主体的に学ぶということだからである。」（四六頁）

第Ⅰ章第5節で学問的な自問自答の訓練の重要性を指摘した際に、「権威の説であっても決して鵜呑みにせず、あくまでも自分の頭でその良し悪しを判断しなければならない」こと、そして「問いに対する答えを自ら出すためには、根気よく勉強を続けていくしかない」旨を述べたが、「思考停止に陥ることなく、［…］前提を疑い続け、考え続ける態度で学ぶこと」という「主体的な学び」に対する岩田の説明は、学問に対する基本的姿勢に関する前章第5節の論旨とほぼ同趣旨のものと解釈してよいであろう。

学修時間の確保の重要性もさることながら、「主体的な学び」の習慣を確立するためには、学問的な自問自答の訓練こそが肝要だというのが私の結論である。

4　自律的思考の訓練の重要性

自分の頭で考えることの重要性と難しさ

前節の最後のところで、その節の結論として、「主体的な学び」の習慣を確立するためには、学問的な自問自答の訓練こそが肝要である旨を述べた。この訓練に耐え抜くための基盤をなすのが、常に自分の頭で考えるという自律的思考の習慣である。自分の頭で考えるということがいかに重要かつ困難なことであるかは、昔から多くの人によって指摘されてきた[1]。例えば小泉信三（一九六四、六六―六七頁）は次のように警告している。

「私の言わんと欲することはこうである。

読書は大切であるが、それと共に自分の目で見、自分の頭で考える観察思考の力を養うことが更に大切であるというのである。読書は独り書中記載の事実を学ばせるばかりでなく、当然観察思考の力そのものも、また読書によって養われなければならぬ筈である。ただその場合警戒を要するのは、間断なく読書に耽り、書籍にばかり倚頼《いらい》する余り、ただ偏《ひと》えに書中の記載を信じて、自分の目で見たものは重んぜず、本に書いてあることのみを信用して、だんだん自分の目で物を見ることが億劫になり、知識をただ書籍にのみ求め、或いは自分で考えずに、著者に代って考えて貰うことの易きに就く習性が、とかく養われ勝ちであることこれである。これは一つは人の性質であるが、また習性の力も大きい。読書人たるものの警戒を要するはここであると思う。」

（ルビ筆者）

すなわち、

酒井邦嘉（二〇〇六、二二三頁）も、大学教育の目的を問う中で、これと同趣旨のことを述べている。

「大学での教育の目的は、［…］学生に「考えさせること」に尽きる。［…］ところが、実際に学生に考えさせるのは決してやさしいことではない。私はいつも、「馬を水辺へ連れて行くことはできるが、水を飲ませることはできない」ということわざを思い浮かべる。このことわざを教育に当てはめると、「学生を大学へ連れて行くことはできるが、考えさせることはできない」となるが、これもまた真実かもしれない。」

今はインターネットで検索すれば必要な情報が簡単かつ迅速に入手できる時代である。逆の言い方をすれば、インターネット依存症の多くの人は自分の頭で考えることをしなくなっているのである。

このような時代だからこそ、大学教育の役割は格段に重要性を増してきているとも言えるであろう。この点に関連して、もう一度酒井邦嘉（二〇一二、二一八―二一九頁）から引用することにしよう。

「教育というのは、知識を教えるのではなく、考えてもらうことが大事なんです。知ることよりも、考えてわかるという深い理解に至るプロセスが重要なのです。大学が知識を教える場でしかないとしたら、早晩存在理由はなくなりますね。［…］無味乾燥な講義が彼ら【学生】のモチベーションを奪ってしまっているのだとしたら、大学の教員の責任は重大です。インターネットではできないような体験をさせなければなりません。考えさせて、導いて、なぜこう考えるかの手がかりを与えて、とにかく考えることを十分に体験させることが、一〇代のぎりぎり最後を過ごす大学では求められていると思います。」

つまり、学生に徹底的に考えさせることが大学の果たすべき基本的な役割である、と説いているのである。

自律的思考を身につけるための方策

それでは、学生に自分の頭で考える力を身につけさせるためにはどうすればよいであろうか。清家篤(二〇一三)はこの問題に関して次のような提案を行っている。

・「学生はまた、研究をすることも期待されている。それはテーマを見つけ、仮説を作り、それを検証して結論を導くという作業を通じて、自らの頭でものごとを考える力を養うのに最良の方法だ。と同時に、たとえ学部学生の卒業論文といえども、論文の名に値する水準の研究をしてもらうよう指導するということによって、学問を通じた大学教育の質を担保するためにも大いに役立つものである。」(二八頁)

・「われわれが学生に身につけてもらうべき能力は、どのように技術や市場が変化してもしっかりと仕事をすることのできるような能力である。それは、そのときどきの状況を自分の頭で理解し、その理解にもとづいて、問題を解決できる能力である。具体的には問題を見つけ、その問題がなぜ起きているのかについて自分なりの考えをまとめ、その考えが正しいかどうかを客観的に確認し、それが正しいと分かったならば、その考えにもとづいて問題を解決するということである。これはいうまでもなく、テーマを見つけ、そのテーマについての仮説を作り、それを客観的な方法で検証して結論を導く、という学問の作法、科学的方法論に他ならず、結局自分の頭で考える力は、しっかりと学問を学ぶことによって身につくのである。」(二九―三〇頁)

つまり、自分の頭で考える力を養うための最良の方策は、学生に研究をさせること、具体的には卒業論文を書かせることであると主張しているのである[2]。

第Ⅰ章の第2節及び第5節で詳述したように、学生に創造性や創作力を獲得させるためには学問的な自問自答の訓練が必要不可欠である。このような訓練は、必然的に自律的思考力をも養ってくれるであろう。この訓練は、確かに卒業論文を書かせることを通して最もその効果を発揮するであろうが、単に卒業論文だけでなく、教養教育も専門教育も含めた学士課程教育全体を通して行われる必要がある。

5　自分を相対化する能力の涵養

再び自己相対化の能力の涵養について

第Ⅰ章第3節において、全体の中での自分の位置を見定める自己相対化の能力に、学問体系の中での相対化と社会の中での相対化という、二種類の相対化の力があること、そしてこれらの能力は、社会の構成員として創造性を発揮しながら自立して生きていくための不可欠の前提要件であり、そういった能力を組織的・体系的に涵養する役を担うのは、大学における教養教育を措いて他にはないことを指摘した。

この自己相対化の能力は、将来自立した社会人として生きていく上で必要とされる最も根本的な能力の一つであると考えられるので、ここで再度この問題について考えてみたい。

まずは次に引用する内田 樹（二〇〇八、九六―九七頁）の言説について考えてみよう。

「自分自身を含む風景を一望俯瞰する力。それを私は「マッピング」と呼んでいます。マッピングは静止状態ではできない。GPSではないんです。宇宙空間から人工衛星が見下ろしているわけではない。自力でポジションを言い当てるしかない。それが人間にとって一番たいせつな基礎的な知性の訓練だと私は思います。」

引用中の「GPS」とは、「Global Positioning System（全地球測位システム）」の略で、アメリカ合衆国が軍事用に打ち上げた約三〇個のGPS衛星のうち、上空にある数個の衛星からの信号をGPS受信機で受け取り、受信者が自分の現在位置を知るシステムを指す。それはともかくとして、この引用文はかなり比喩的な書き方をされているが、われわれの言葉で解釈し直せば、全体の中で自分の位置を見定める自己相対化の能力の涵養が最も大切だと説いていると理解してよいであろう。

すでに第I章第3節で指摘したように、二〇一〇年に公表された日本学術会議の『回答 大学教育の分野別質保証の在り方について』が挙げている、専門教育との関わりから見た教養教育の三つの学習目標、すなわち

i　自分が学習している専門分野の内容を専門外の人にもわかるように説明できること
ii　その専門分野の社会的、公共的意義について考え理解できること
iii　その専門分野の限界をわきまえ、相対化できること

という目標を達成するためには、異分野と自分の専攻分野とを比較考量することによって、より大き

な学問的コンテクストの中で自分の専攻分野の位置や役割を同定できるようになることが重要であり、そのためにも教養教育によって広い視野を身につけ、自己相対化の能力を養う必要があるのである。

しかし、実は自己相対化の能力は、自分の専攻分野を学問体系全体の中に位置づけ、その限界や意義を相対的・客観的に把握するために必要とされるだけではないのである。自分が専攻する学問の内部においても必要とされる能力だからである。すなわち、一般に誰かある人が論文を書くといった場合、その人が今研究している現象や事柄がどのような事実群によって構成されているのかを過不足なく記述し、なぜそのような事実が観察されるのかを説明する必要があるだろう。そのような記述や説明を行う場合、今問題にしている現象や事柄だけでなく、それとは一見関係がなさそうに見える他の現象や事柄にも目配りし、それらの現象や事柄の背後に全体を統括するような包括的な原理が働いていないかどうかを忍耐強く調べてみる必要がある。例えば言語研究の場合であれば、ある言語現象を研究する際に、「言語あるいはことばとはどのようなものか」という視点を絶えず念頭に置いて、他の言語現象も視野に入れながら、それらの現象全体を支配する原理を追求してみる必要があり、またなぜそのような原理が働くのかを「言語とは何か」という全体的な視点から考えてみる必要がある。別言すれば、言語体系全体の中で当該の現象がどのような機能や役割を担うものとして特徴づけられるのかを明らかにする必要があるということである。このように、今自分が研究対象として取り上げている現象や事柄を正しく記述し説明するためには、当該の学問の、言語なら言語という研究対象全体の中のどの部分を自分は今問題にしているのかということを自覚しながら研究を進めていく必要がある。そのような自覚がないままに研究を進めていくとしたら、早晩自分のやっている研究の意義を見失い、迷路に迷い込むという結果になってしまうであろう。このような弊に陥らないようにするためにも、個別学問の内部における自己相対化の能力を養うよう日頃から努力する必要があり、それ故に、第I章第2節でその重要性を訴えた学問的な自問自答の訓練を積み重ねることが大事になってくるのである。

ところで、「理科離れ」という言葉が聞かれるようになって久しいが、この言葉が、若者の進路選択の際の理工系離れと理工系学生の学力低下を意味するとしたら、果たして今日本当に「理科離れ」が進行していると言えるのであろうか。仮に進行しているとしたら、その本質的な原因は何であろうか。この点に関して高木仁三郎(二〇〇〇、一〇八―一〇九頁)が面白い指摘をしているので、多少長いが次に引用しておく。

「個人のレベルでたえず公共性とは何かを問いつづけることができにくくなってしまっているというところに、非常に大きな問題があります。

大学の教育からしてすでにそういう部分があるのですが、大学教育ではまだ一般教養もあるし、先生によってはそういう技術者の倫理を教えることもあると思います。私はこれからはそういう部分がもっと復活しなくてはいけないと思っています。また、そういう方向にこれからの大学教育の一つのあるべき姿というものがあるような気がします。

　今、理科教育がつまらないと言われているのは、結局その基本的なところがなくなってしまって、没主体的な客観性というものを教えこまれるからだと思います。しかも一流の大学の理科系の学部や大学院になると、非常に高度の訓練が必要になって、そういうことに埋没させられる。その中で自分のアイデンティティーというようなものが見えてこなくなるので、皆おもしろくないと言うのでしょう。

　自分のアイデンティティーがなぜ見えないかというと、自分のやっていることの公的な性格や普遍的な意味、少々おおげさな言葉で言えば地球の未来に自分がどうつながっているかというようなことが見えなくなってきてしまっているからです。だから理科の教育はつまらないと言われて、理科離れが起こるわけで、そこのところをいくらコンピュータ技術を使っていろいろと目先を変えてみたところで、本当の意味でのおもしろさは理解できません。自分が公共的に社会につながっているという、そういう意味での自分のかけがえのなさのようなものが出てこないからおもしろくないのです。」

　つまり、理工系の学生は一般に、蛸壺的な専門性の枠内に閉じ込められその中に埋没させられていて、自分のやっていることの公共的な意味や社会とのつながりが見えてこないことが、いわゆる「理科離れ」と呼ばれている現象を引き起こしている、と主張しているのである。これが事実だとすると、やはり理工系の学生も、自分の専攻分野を学問体系全体の中に位置づけ相対化する能力を涵養する必要があるということになる。第I章第3節で論じたように、その役を担うのは教養教育を措いて他にはないと言ってよいであろう。

6　読書の基本的意義

読書の必要性について

本章第3節で「学ぶ」とはどういうことかということについて考え、「学ぶ」とは本来、佐々木（二〇一二）の言う「超える」段階にまで到達する、あるいは内田（二〇〇八）の言う「鳥瞰的視座」を獲得するという高次の目標を達成することを意味する行為であり、それ故、人が一生涯続けていかねばならない、あるいは続けていくにふさわしい行為である、と論じた。この点について佐々木（二〇一二、二一〇―二一一頁）も次のように主張している。

「およそ「生きる」ということにとって、「学ぶ」ということは不可欠の条件であり、「学ぶ」ということを止めることは「生きる」ことを止めることにつながりかねないというメッセージを含んでいる。それほどに「学ぶ」ことは「生きる」ことにとってシリアスな意味を持つ。同時に、「学ぶ」ことには出来合いの解答はなく、それぞれの人間が「手作り」で立ち向かわなければならないことになる。」

「生きる」ことにとって切実な意味を持つ、「学ぶ」という行為の中心に位置するものの一つに読書がある。読書の基本的な意義を説いた代表的な意見を二つばかり次に引用しておくことにしよう。

・「教養がどうしても必要なのは、長期的視野や大局観を得たいと思うときである。長期的視野や大局観を持つとは、時流に流されず、一旦自分を高みに置き、現象や物事を俯瞰しつつ考察するということである。このためには若いうちから、「現状」を離れ大きな枠の中で人間や社会の本質に迫る、ということに慣れねばならない。そこで、時空を超える唯一の方法、すなわち読書により、古今東西の偉人賢人の声に耳を傾け、庶民の哀歓に心を震わせる、ということが必要となる。このような読書の累積が教養である。」(藤原正彦　二〇〇六、一一四―一一五頁)

・「理想や憧れなしで、人間は精神的に成長することはできない。その憧れは、先生、先輩、友人かもしれない。しかし一番の憧れの対象は、人類の知的遺産の物的な結晶としての「古典」であり、「古典」を読み、考え、対話し、格闘することによって「理想」や「憧れ」の内実を改めて知的に理解することができるのではなかろうか。」(猪木武徳　二〇〇九、二七二頁)

藤原の言う「長期的視野」や「大局観」を得るということは、先に本章第3節で言及した内田(二〇〇八)のいう「鳥瞰的視座」を獲得するというのとほぼ同義と解釈してよいであろう。つまり、全体を俯瞰しつつその中で自分のやるべきことを見定めるという能力を養うことが大事で、そのための最大唯一の方法が読書であると説いているのである[3]。

一方、猪木は、「古典」を講読することが人間の精神的な成長を促す最大の武器であると主張している。ただし、「古典」のこのような役割は認めるとしても、いわゆる「ユニバーサル化」の段階を迎えて久しい今日の大学の知的状況下において、「古典」を読むような授業を実践するのはかなりの困難を伴うであろう。それにもかかわらず、いかに時代が移り変わろうとも、やはり猪木の強調する「古典」の重要性に変わりはないであろう。藤本夕衣（二〇一二、二二五―二二六頁）は、今日の大学は、近代の大学の中核を担ってきた科学や哲学の正当性や自明性が疑われた状態にあり、それ故にその存在意義を改めて問い直す必要があるが、その際に大きな道標をわれわれに提供してくれるのが「古典」である、と主張している。

> 「「役に立つ／役に立たない」という問いの立て方のみで議論するのではなく、今一度、「大学」と「社会」の関係を新たに捉え直すような「物語」を紡ぐことが必要とされていると考えられる。もし、専門学校や研究機関ならざる大学の存在意義を意識的にみいだそうとするのであれば、「大学の物語」をかたらざるをえない。［…］
>
> 単に役に立たないことの価値を「無用の用」として標榜するだけではなく、「無用の用」を説得

的にかたる物語を探求すること、それが、大学の物語をかたり直す一歩になるのではないだろうか。そして、現代において「大学の物語」をかたる道が困難であることは間違いないにしても、その道を導いてくれるのは、やはり昔と変わらず古典であると思われるのである。」

今日の日本の大学教育に決定的に欠けている読書の訓練について

最近の大学生は本を読まなくなったと言われるが、大学生の読書習慣の欠如は、実は、ここ最近の現象というわけではなく、かなり以前から指摘されていたことである。例えば梅棹忠夫(一九六九、九九―一〇〇頁)は、日本の大学教育が読書の訓練を怠ってきたことを指摘し、次のように述べている[4]。

「さきにあげた『私の読書法』のなかでも、渡辺照宏氏は、日本の大学では、本のよみ方などをおしえられる機会がすくないのではないか、ということを指摘しておられる。じっさい、アメリカの大学のように、来週までにこれだけよんでこいと、部あつい本を何冊もわたされるというようなこともない。どうも日本の教育は、やっぱり教科書中心・講義中心で、本をよませるという訓練方式がひどくかけているのではないだろうか。わたし自身の学生時代をふりかえってみても、読書法についての指導は一ぺんもうけたことがない。現在の学生も、事情はかわっていないようである。」

注4に引用した渡辺照宏の指摘や右記の梅棹の観察にあるように、少なくとも六〇年代の日本の大学では、読書の訓練はほとんど行われていなかったようである。

では、七〇年代以降の大学生は以前よりも読書に勤しむようになったと言えるであろうか。竹内洋（二〇〇三、二二一－二二三頁）は、これとは真逆の事態が進行して今日に至っていることを、次のように明確に指摘している。

「六五年の潜在読書人口（一五－六四歳人口）は六六九二万八〇〇〇人。大学・短大在学者数は一〇五万七〇〇〇人。したがって、六五年の大学・短大生は読書人口の一・六パーセントを占めていた。九五年の潜在読書人口（一五－六四歳人口）は、八七一六万五〇〇〇人。大学・短大在学者数二八二万人。したがって、九五年の大学・短大生は読書人口の三・二パーセントを占めたことになる。大学・短大の潜在読書人口シェアは、一・六パーセント（六五年）から、二倍（三・二パーセント、九五年）に増えている。九四年の大学生の書籍購入のシェアが、六四年の四分の一ということは、大学生の書籍購入の実質的シェアは、三〇年経過して、八分の一以下に縮小してしまったということである。」

このように、戦後の新制大学に在籍してきた大学生は、残念なことに、時代が新しくなるにつれ、次第に読書をしなくなってきたのである。読書の訓練を怠ってきた大学側の責任は重大であると言わねばならないであろう。ユニバーサル段階を迎え低学力の学生を多く抱え込まざるを得なくなった今日の大学において、古典を含む読書の訓練を行っていくのは大変骨の折れることではあるが、「鳥瞰的視座」(内田 樹 二〇〇八)あるいは「教養」を学生に獲得させるためには、この訓練は絶対に不可欠であり、今後大学教育のあらゆる局面にしかるべき読書の訓練を組み込んでいく必要があると考える。

7　母語（日本語）教育の重要性

大学における母語（日本語）教育の重要性について

次の引用において亀井勝一郎（一九七三、一三三頁）が指摘しているように、われわれは日本人だからといって日本語が自由自在に使いこなせると思ったら大間違いである。まずはこの点をしっかりと認識しておく必要がある。

「日本語の固有性と限界を知ることは大切である。我々は外国語を学ぶが、日本語だって学ばなければならないものなのだ。日本人だから日本語なら自由に読み書き出来ると思うのは、大きなまちがいである。」

また、今日の大学教育、とりわけ教養教育において、母語（日本語）の教育は大学によっては行なわれていないわけではないが、例えば日本語の豊富な語彙の中から適切な用語を選択し、明晰で無駄のない文章を書くことのできる、高い知性を備えた学生はどのくらいいるであろうか。残念ながら、結果はお寒い限りと言うべきであろう。母語の日本語力を本格的に鍛えるための努力を大学が怠ってきたからである。鶴見俊輔は次の引用において端的にそのことを指摘している。

「時は明治十年です。もう東大はできている。東大をはじめとする大学制度は今日まで続いているわけですが、私は、大学はだめだったと思いますね。日本の今日を招いているのは大学の責任が大きい。つまりヨーロッパの学問の取り入れに終始した。外国語というものを不当に重んじた。日本語の表現をよくするという場が昔も今も、大学の中にない。これは大きな問題だと思います。梅棹忠夫のような稀代の文章家は大学の外で作られているんですね。」(鶴見俊輔・小田実 二〇一一、二〇四頁)

このような指摘を受けてのことでは必ずしもないと思われるが、二〇一〇年に公表された日本学術会議の『回答 大学教育の分野別質保証の在り方について』は、「特に言語能力ということで言えば、日本語のしっかりした運用能力を鍛えることがすべての基本となることを認識し、教育方法の開発を含めて、そのための取り組みを充実すべきである。」と提言し、その上で「語るべき内容を身に付け、それを場面に応じて日本語で語り、記述する能力の育成は、学士課程全体を通じて取り組まれるべきものではあるが、ここに教養教育が果たす役割はとりわけ大きい。国際共通語としての英語運用能力は、このような日本語運用能力を踏まえてのみ習得できると言うべきである。」と指摘している。

猪木武徳（二〇一五、二〇頁）も、次の引用に見られるように、これと同様の指摘を行っている。

「五〇年、百年のタイムスパンで見ると、今後、科学知識や技術情報は、企業、民間の研究所など、大学以外の場所から生まれる可能性はさらに高まる。大学は、生半可な職業教育をほどこすのではなく、数理的思考と言語表現を核とした教養教育に力を注ぐのが賢明ではないか。技術変化の多い社会で直接役に立つ知識や技能は、大学教育によってではなく、実際の仕事を通して獲得されるものがますます多くなるからだ。［…］

古典を含む人文学や社会科学の遺産をよく学び、数学と哲学・言語（特に読解力と作文力）の訓練を通して、豊かな想像力をも育み、自らの考えをまず母語で正確に豊かに語る能力、説得力のある文章を書く力を養うことが、これからの大学の教養教育で重視されて然るべきだろう。そここそ大学の生き残る道がある。」

このように、日本語の豊かな表現力と確かな運用能力は、あらゆる学問的・社会的活動の基礎をなすものであり、それ故に大学における母語の教育は、前節で論じた読書の訓練とともに、教養教育の柱の一つにしっかりと据えられるべきであろう5。

特にどのような訓練が重要か

ことばの運用能力は、理解力と産出力の二種類に大きく分けて考えることができる。理解力には読解力(読む力)と聴解力(聞く力)が含まれ、産出力には文章表現力(すなわち作文力)(書く力)と口頭による伝達力(話す力)が含まれる。母語である日本語の場合には、何よりも読解力を養成する訓練が基本となるであろう。次の引用にあるように、国語学者の大野晋(一九九九)もこの訓練が日本語運用能力の涵養の出発点をなす旨を指摘している。

・「よく書くためには、まずよく読み馴れること。たくさん読むこと。つまり、文章全体をつかみとる技を身につけることが大事です。」(一一二―一一三頁)
・「個々の作品を精確に読みとる練習をまずさせるべきで、文章を読む眼力を鋭くさせる方が先でしょう。」(一二四頁)

大野はさらに、文章の読み書きにおいて最も大切なことは、書かれている「内容」を正しく読みとることであると述べている。

「文章を読むとか書くとかで一番大事なことは、「何を」読みとり、「何を」書くかです。大事な「何か」が書いてあるかもしれない。だから、形式が多少分かりにくくてもその奥にある大切な「何か」をつかみとるということから「読み」は出発しなくてはならない。」（一四三頁）

そして大野は、一流の書き物をなるべくたくさん読みこなし、ともかく読む力を磨いていくことが何より大切であると説いている。少し長くなるが、関連個所を次に引用しておくことにする。

「言葉づかいが適切かどうかの判断は、結局それまでに出あった文例の記憶によるのです。人間は人の文章を読んで、文脈ごと言葉を覚えます。だから、多くの文例の記憶のある人は、「こんな言い方はしない」という判断ができます。

よい行動をしていきたいと思う人は、よいことをした人の話を聞いて見習うでしょう。同じように、鋭い、よい言葉づかいをしたいと思う人は森鷗外、夏目漱石、谷崎潤一郎とか、現代だったら誰でしょうか、言葉に対してセンスが鋭い、いわゆる小説家・劇作家・詩人・歌人たち、あるいは適切な言葉を使って論文を書く学者、そういう人たちの作品・文章を多く読んで、文脈ごと言葉を覚えるのがよいのです。

骨董の目利きになるためには、よい物を、まず一流品を見続けなければだめだといいます。二流品を見ていては眼がだめになる。文章もそれと同じです。よいと思われるもの、心をひくものを見馴れているうちに、ああ、これは雑だなとか、ここはおかしいなとか気づくようになる。自分を引きつけるものはその人にとってよいものなのです。だから、自分を引きつけるものを熟読して、それをいっそう鋭く深く受け取るようにすること。次に、よい文章といわれるものを読んで、どこが違うか、どちらがよいかを自分の目で判断すること。」(二六―一七頁)

一方、「書く」という行為に関して大事なことは、次の引用において梅棹忠夫(一九六九、二一二頁)が指摘しているように、自分の意志や言いたいことを読者に無駄なく正確に伝えることのできる明晰な文章が書けるようになることである。

「今日、すべての人にとって必要な、知的生産のための基礎技術としての文章は、ひとに感動をあたえるような、芸術的な文章ではない。ものごとと、思想とを、まちがいなく、わかりやすく、ひとに伝達できるような、機能的な文章なのである。」

8　外国語学習の意義

外国語学習の一般的意義

外国語を学習することの意義を、岡部光明（二〇一三）が分かりやすく端的に説明しているので、最初に同氏の説明を引用しておく6。

「二つの外国語に習熟することは、二つの大きな意味を持っています。なぜなら、ある外国語に習熟すれば、第一にそれは当該外国語によるコミュニケーションを可能にするからです。そして第二に、外国語を知っていれば、日本語による発想との異同を強く意識するので、逆説的ではありますが、日本語力を磨くうえでも大きな力になるからです。外国語力の向上は、こうした二つの意味において教養にとって大きな意味を持つのです。このため、それは教養にとって必須の条件だといえましょう。」（八頁）

つまり外国語学習は、この引用において説明されているように、もちろん習熟の度合いにもよるであろうが、当該外国語によるコミュニケーションを可能にし、かつ日本語力の向上にも大きく貢献するという、二通りの意義を有している。

さらに加藤周一（二〇〇〇、一四三―一四四頁）は、外国語の学習は人間の思考力をも大きく進歩させる働きを持つと説いている。

「数学的な思考が数学的記号を抜きにしては組みたてられないように、人間の考えは、日本語とか英語とかいう言葉の記号の体系を使わずにはあり得ないものです。その記号の体系が違えば考えもまた違う。西洋語の文章の構造と相対するということは、したがって、日本語と違う西洋語の構造にあらわれている西洋式思考の過程と相対するということです。おそらく、そういう経験から利益をひき出すことのできる人は、大きな利益をひき出すことができましょう。簡単にいえば、部分から全体へという過程に加えて、全体から部分へというものの考え方もできるようになるかもしれません。それは思考力、ものを考える力の進歩です。いわば、一次元的な線の上の運動を、二次元的な平面の運動に拡張するようなもので、それは、ほとんどその人の世界を変えるものであるといってさしつかえないでしょう。」

このように、外国語の学習は、人間の思考力を拡大深化させる働きをも有しているわけであるから、大学教育にふさわしいレベルの内容を有する外国語教育を教養教育の中核部分にきちんと位置づけ、そのような教育の実践を通して、外国語による確かなコミュニケーション力と豊かな日本語表現力、そして柔軟な思考力を有する人材を育成できるようにしていかなければならない。

日本学術会議の『回答』の提言内容について

先に「大学教育にふさわしいレベルの内容を有する外国語教育」という表現をしたが、それはどのような内容の教育を指すと考えるべきであろうか。これまで本書の随所で触れる機会のあった、日本学術会議が二〇一〇年に公表した『回答 大学教育の分野別質保証の在り方について』は、この問題を取り上げ、国際共通語としての英語とそれ以外の外国語とを区別した上で、次のように提言している[7]。

・「国際共通語としての英語教育

教育・学習の対象になるのは、英米の言語としての英語ではなく、媒介言語としての英語である。教育・学習のあり方についても、この目標に即して、次のような原則に基づいた指針を策定する必要がある。

ｉ　言語とその文化的背景―この場合、アメリカやイギリスの文化―を区別し、言語に結びついている文化的負荷をなるべく軽くすること。

ii　国際共通語としての英語は母語に根差しているわけではないので、母語の習得過程を学習のモデルとして強調せず、特に、いわゆるネイティヴ・スピーカーを万能視しないこと。
iii　グローバル化した社会のコミュニケーションにおいては、情報通信技術の発展も相俟って、書き言葉が話し言葉と並んで、あるいはそれ以上に重要な役割を果たしている。それゆえ、音声言語と並んで書記言語（読み書き）の学習を重視すること。」

・「異文化理解のための外国語教育

外国語教育に関しては、次のような原則に基づいた教育・学習の方針を構想するのが望ましい。
i　言語の背景をなす文化を重視し、言語が内包する文化、社会、歴史を、言語と切り離さずに教授・学習すること。
ii　口頭でのコミュニケーション能力と並んで、リテラシーとりわけ文章の読解力の養成を重視すること。いわゆる訳読は、異文化を正確に理解し、それを自らの言語文化に摂取するためには、依然として最も有効な方法である。
iii　英語は国際共通語であるばかりでなく、有力な外国語であるので、外国語教育においても重要な位置を占める。しかしグローバルな立場との癒着を避けられない英語を外国語として学ぶ場合には、できるだけそれ以外の外国語も合わせて学ぶことが望ましい。」

アメリカやイギリスで母語として用いられている英語と、「国際共通語としての英語」とを区別するのはよいが、後者を明確に定義することは今のところかなり難しいと思われる。しかし『回答』が言わんとすることはよく理解できる。高尚な文学作品の英語や古い時代の英語、例えばシェイクスピアの英語などは、後者の範疇に含まれることは恐らくないであろうが、実際に大学の教養英語のカリキュラムを考える場合、「あれもダメ、これもダメ」という排除の論理で考えるのではなく、教養英語にふさわしいと考えられる英語であれば容認するという寛大な態度で臨むべきではないだろうか。少なくとも「国際共通語としての英語」という概念の定義に関して大方の合意が得られるまでは、この概念をある程度広く解釈しておくべきであろう。このことを前提にした上であれば、大学における教養教育の一環としての外国語教育を、「国際共通語としての英語教育」と「異文化理解のための外国語教育」に区分し、それぞれ上記引用に述べられているような原則に基づいて教育課程を編成・実践すべしという提言内容は、きわめて妥当なものと言えるであろう8。

9 「学士力」策定の際の留意点と今後の検討課題

策定の必要性と留意点

まずは「学士力」を策定する必要性について、その法的根拠を示しておくことにしよう。学校教育法施行規則第一七二条の二は、学生が修得すべき「学士力」を含む学修成果に関する情報を各大学が公表するよう努力すべき旨を規定している。

学校教育法施行規則第一七二条の二

大学は、[…] 教育上の目的に応じ学生が修得すべき知識及び能力に関する情報を積極的に公表するよう努めるものとする。

そしてこの規定を根拠に、平成二二年六月一六日、文部科学省の大臣政務官から各大学長宛てに次のような通知が出された。

平成二二年六月一六日文科高二三六 大臣政務官 通知

大学は、教育上の目的に応じ学生が修得すべき知識及び能力に関する情報を積極的に公表するよう努めるものとすること。その際、大学の教育力の向上の観点から、学生がどのようなカリキュラムに基づき、何を学ぶことができるのかという観点が明確になるよう留意すること。

このように、「学士力」を含む学修成果に関する情報の公表は、まだ義務化されてはいないが、努力義務としては規定されているので、法規的な観点からも各大学は公表する方向で努力するに越したことはないであろう。

次に「学士力」を策定する際に注意すべき点をいくつか指摘しておくことにしよう。

第一の留意点は、二〇〇八年の中教審答申『学士課程教育の構築に向けて』が指摘しているように、学士力を含む学修成果は、「課外活動を含め、あらゆる教育活動の中で、修業年限全体を通じて培うもの」だということである。つまり、学修成果としての知識や能力は、個別の授業科目によってではなく、開設授業科目全体を通して学ばれるべきものだということである。個別の知識や能力と個別の授業科目とを対応させようとする、必ずしも適切とは言い難い解釈が多々見受けられるので、この点は特に注意を要するであろう。

第二に、二〇一〇年の日本学術会議の『回答　大学教育の分野別質保証の在り方について』が指摘しているように、「学士力」は「教養教育と専門教育の両者を通じて培われるべきものである」という点に留意する必要がある。先の二〇〇八年の中教審の学士力答申を十分に読みこなすことなく、消化不良のまま、「学士力」は「教養教育」を通して培うべきものと誤って解釈している大学人が意外と多いので、この点も要注意である。

第三に、大学教育にふさわしい幅の広さと深さを兼ね備えた学修内容とする観点から、(学士力を含めた)学修成果を数量的に測定可能な範囲に限定するという視野狭窄に陥らないように留意しなければならない。学修成果の評価の在り方については第Ⅳ章で改めて考えることにするが、佐々木毅(編)(二〇一二、七四頁)に「一滴 教育成果測定と視野狭窄」という論考が載っており、その中でまことに示唆に富む重要な指摘がなされているので、ここではその論考だけを前もって取り上げることにする。同論考の要点は次に引用した通りである[9]。

- 「教育成果や学習成果を「測定」すべきである、と最近はよく耳にする。」
- 「問題は大学教育で、学習内容を測定可能な狭い領域に限定して見てしまう傾向が強くなることだ。」
- 「測定可能で、数値が上昇することだけが学習成果ではない。」
- 「声高に測定を唱道する傾向には、例えば、「視野の広さ」を角度で、「思慮深さ」を距離で深度測定できると信じているのかと詰問したくなる。」
- 「こうした思考の偏りは、行き過ぎると「測定できることを教える」傾向を生み出す。換言すれば「測定しにくいことは教えない」ことを助長しはしないか。」

・「大切なことのなかには、測定や調査、観察ができないこともたくさんある。自己の狭さへの気づき、世界の広がり、人類の歴史、宇宙の広大さなどへの感動や関心などをどうやって測定できるというのか。学ぶ楽しさ、知ることの喜びなどは、学習成果として調査や測定が可能だと本気で信じているのか。視野の狭さや測定論への過剰な信奉に戸惑いを禁じえない。」

つまり、大学教育における学修成果としての知識や能力は、必ずしも数量的に測定可能なものとは限らず、むしろその性質上測定困難なものほど学修成果の中核部分を構成すると考えられるので、この点を十分に考慮して学修成果の内容を決める必要があり、かつ教育内容も大学教育にふさわしい幅の広さと深さを備えたものとなるように留意する必要があるということである。

最後に、学士課程共通の学修成果である学士力に、これと相補的な関係にある専門分野別の学修成果（日本学術会議　二〇一〇参照）を加えることによって初めて、学士の学位授与の前提となる学修成果の全体像が明らかになるという点に留意する必要がある。つまり、各分野の専門教育を通して獲得されるべき学修成果を「専門基礎力」と呼ぶことにすると、次のような等式が成り立つということである。

獲得目標としての学修成果＝（学士力）＋（当該専門分野の専門基礎力）

ついでながら、学位授与の方針（ディプロマ・ポリシー：ＤＰ）は、本来、「学士力」と「専門基礎力」からなる獲得目標としての学修成果を、卒業認定に値する程度以上に獲得できたと認められる場合に、学士の学位を授与することとする、という形式で述べられるべきものであろう。

今後の検討課題

「学士力」がなんとか策定できたとしても、まだ検討しなければならない課題がいくつか残っている。

第一に、各大学の建学の精神（あるいは理念）とその現代的意義、及びその大学の教育理念やミッション（社会的使命）の内容を明確にし、これらと策定された学士力との整合性について検討する必要があろう。当該の大学の理念や特色と「学士力」の内容が乖離していては説得力を欠くということである。

第二に、各大学の教養教育の、①「学士力」との関係、及び②その理念・目的を明確にし、かつ③その目的を達成するための新たな教養教育カリキュラムの全体像を明らかにすることによって、教養教育を再構築する必要がある。

第三に、日本学術会議 大学教育の分野別質保証推進委員会の各参照基準検討分科会において策定された、あるいは現在策定中の分野別の「参照基準」を参考の上、各大学の学部ごとに分野別の学修成果（上述の言葉でいえば「専門基礎力」）の具体的内容を明らかにする必要がある。

以上の三点は、国公私立を問わず、どの大学においても早急に検討すべき課題であると考える。

10 「学士力」試案

「学士力」の定義

二〇〇八年の中教審答申『学士課程教育の構築に向けて』の趣旨に則り、「学士力」という概念を次のように定義しておく。

「学士力」の定義

学士力とは、学部・学科の違いを問わず、当該の大学のすべての学生が四年間の学修を通して共通に獲得することを目指すべき学修成果(学士課程共通の学修成果)を指す。

試案

前節で指摘したように、各大学が独自に策定する「学士力」は、その大学の建学の精神や教育理念、あるいはミッション(社会的使命)と乖離したり、矛盾するものであったりしてはならない。それ故「学士力」の内容は大学ごとに異なったものになるはずであり、またそれで構わないわけであるが、その一方で、「大学」という名を冠している以上、国公私立を問わずすべての大学が最低限これだけは共通に身につけることを学生に求めるべき要素(能力や資質)というものがあるはずである。そのような要素として、第I章第2節で、人間性、社会性、知性(知力)、健康、向上心の五種類の能力ないし資質を挙げることができる旨を述べたが、最後に、本章のここまでの議論を踏まえ、改めて各大学が保証すべき「学士力」の共通項を試案として次に示すことにする[10]。

共通「学士力」試案

(1)　人間性(humanity)

①《誠実さ》仕事においても人間関係においても、誠実な人間になろうと努力することができる。

②《優しさ》相手の立場を思いやる優しさや、生命を尊び自然を慈しむ心を保持し続けることができる。

③《感性》芸術やスポーツ等の優れた文化的営みに素直に感動することができる。

④《規律性》規律ある生活態度を維持していくことができる。

(2)　社会性(sociality)

①《社会的な責任感》勤労を重視する態度と高い倫理観を身に付けた教養ある市民として、自己の社会的責任を果たしていくことができる。

②《社会貢献の意志》文化的背景や育った環境などを異にする他者と協働し、社会の発展に積極的に寄与していくことができる。

(3) 知力 (intelligence)

①《思考力》

・〈自律的な思考と確かな判断力〉常に自分の頭で考え的確な判断を下すことができる。

・〈科学的探究心〉ものごとの自明性を疑い、より多くのことがらを矛盾なく統一的に説明するにはどうすればよいかと考えることができる。

・〈直観力〉ものごとの本質を直観的に捉えることができる。

・〈相対化の力〉ものごとを相対化して考えることができる。

・〈しなやかな知性〉人の意見に真摯に耳を傾け、その必要がある場合には自らの意見や考えを柔軟に修正することができる。

②《汎用的技能》

・〈日本語運用能力〉高度な日本語の運用能力を身に付け、これによって他者の意見や主張を正しく理解し、自分の意思を相手に的確に伝えることができる。

・〈英語運用能力〉国際共通語としての英語の基礎的な運用能力を身に付け、これによって世界の人々と英語で意思疎通を図ることができる。

・〈情報活用能力〉情報リテラシーの基礎を身に付け、これを基に情報を収集・分析することや、新たに情報を表現・発信することができる。

(4) 健康 (healthiness)

① 《心身の健康》健やかな身体と豊かな心を自ら育んでいくよう努力することができる。

② 《自己管理力》健康の維持に努め、自己の生活を適切に管理することによって、明るい社会生活を送っていくことができる。

(5) 向上心 (aspiration)

① 《無知の知》自分はまだ不完全な人間であり、学ばなければならないことがたくさんあると、自覚することができる。

② 《知的向上心》学ぶ楽しさや知る喜び、あるいは知的な感動などを体得し、この経験を基に自分をさらに高めようと努力していくことができる。

③ 《求道心》正義と真理を探求する熱意や態度を持ち続けることができる。

筆者の現勤務校である目白大学のある委員会（注10参照）に、当時その委員長役を務めていた筆者が初めてこの試案を提示した時に筆者自身が直に経験したことでもあるが、このような試案に初めて接した時にネガティブに反応する人というのはどこの大学にも必ずいるものである。そのような人たちは恐らく次のように「反論」するであろう。すなわち、これらの資質や能力を完璧に身につけた人は、完全無欠の天才あるいは神と言ってもよいくらいで、実際にはそんな人間は存在するわけがない、だからそんな実現不可能な高邁な理想を掲げても無意味である、もっと現実に即した目標を設定すべきだ、と。しかし、はじめから学生の実態や教授陣の教育力などの「現実」を考慮に入れそれとの妥協を前提として「教育目標」を設定しても、ほとんど何の意味もないであろう。設定された目標そのものが次元の低いものであるが故に、教員の教育活動に対するモチベーションが高まることは決してないであろうし、何よりも社会の中で自立的な市民として生きていくための基礎力を学生に身につけさせるという最終目的の達成からはほど遠い結果となってしまうことが目に見えているからである。たとえ「完璧に」達成することは無理であっても、敢えて高い理想を掲げ、その実現に向けて最善の努力を傾けるというのが筋であろう。そうすることによって、教える側の教育に対する熱意も自然と生まれてくるであろうし、自立的な市民の育成という目的にも大きく近づくことができるのである[11]。

なお大学教育の最終的な目的は、第Ⅰ章第2節で論じたように、創造性や創作力を発揮しつつ自立的な市民として生きていくことができるような能力を涵養することにある。従来一般に「課題解決能力」と呼ばれてきたものを、ここでは「創造性・創作力」と言い換えているわけであるが、このような高次の能力は、四年間の学修を通して右記の「学士力」の総体を身につけることにより、その必然的な結果として涵養することができると考えられる。言い換えれば、この能力は、「学士力」の中の単なる一項目として列挙されるべき性質のものではなく、「学士力」の達成によって初めて獲得できるもので、その意味では「学士力」よりも高次の能力と見なすべきものである[12]。

「学士力」の策定はもちろん最終ゴールではない。最も重要かつ困難な課題がまだ残っている。それは、学生に学士力を獲得させるための教育課程を編成することと、これに沿った教育を確実に実践することである。つまり、教養教育と専門教育のカリキュラムをどう構築し、両者をどう組み合わせると最適な結果が得られるか、そして教員の研究能力と教育能力を一定水準以上に高めるにはどうすればよいか、という二つの難問が待ち受けているのである。

注

1　自分の頭でものを考えるということがいかに困難なことであるかは、日本思想史の分野に偉大な足跡を残した家永三郎（二〇〇三、二六一―二六二頁）の、次に引用する氏自身の回想からも窺い知ることができる。

・「以上のような諸条件が重畳的に作用して、一九五〇年代の末期から、私はようやく「天皇制を本当に突き離してトータルに科学的に見据える視点」（『激動』五二ページ）を獲得することができるようになったのである。私が「自分自身の頭で物を考えることがはじめて可能となった」（同六ページ）一九三二年から数えて二六年ほどの歳月が必要であったことになるわけで、いかに幼少時代から家庭・学校・世間を通して植えつけられた天皇制イデオロギーの払拭が困難であったかを物語っており、それ故にそのなかでもいちばん組織的計画的に私に「国体観念」を注入した戦前教育の恐しさを思わないではいられないのである。しかしながら、戦前に成長したリベラリストたちについて見ると、例えば石橋湛山・美濃部達吉・津田左右吉・柳田国男・南原繁・矢内原忠雄のように、固陋な「国体論」に批判的な、今日の言葉でいえば民主主義的な思想のもち主であった多くの大先達たち、ことに地上の権威を超えた神の世界をたのんで反動思想に対し戦闘的な活動を続けた矢内原までが、すべて天皇・皇室に対しては敬虔な尊崇の念をいだいていたことは、それが戦前世代知識人のかなり広い層にわたり共通する傾向であったことを物語っており、必ずしも私だけが特別に愚鈍であったというわけでもないということになるのかもしれない。」

2 山田礼子（二〇一二）にも類似の指摘が見られる。すなわち、「日本の高等教育機関固有の演習や研究室制度と成果に相当する卒業研究をより実質化することで、専門分野に拘泥されない学習成果の共通性を保証する仕組みが機能する可能性は高いと考える。」（一三八頁）ここで言う「専門分野に拘泥されない学習成果の共通性」とは、一般に「課題解決能力」と言われているもの、われわれの言葉で言えば「創造性・創作力」の涵養を意味すると考えてよいであろう。

3 苅部直（二〇〇七、二〇六頁）も、思考能力を鍛錬する手段としての読書の重要性を指摘している。すなわち、「「教養」をどう考えるのか。その内容はさまざまな範囲に及び、極端に言えば、行住坐臥、生活のすべての場面が、「教養」の現場である。しかし、そこにふみだす前に、一人でその思考能力を鍛錬する場として、本の読解が、大きな役割を果たすのは、時代が移っても変わることはない。読書はやはり、「教養」へとむかう踏み台となり、生涯つづく「教養」の営みと伴走しながら、続けるのにふさわしい営みなのである。」

4 梅棹はこの引用文中で、渡辺照宏が大学教育における読書法に関する指導の欠如を指摘していると述べている。渡辺のこの指摘は、渡辺（一九六〇）「病床の読書」という論考においてなされたものである。念のために該当箇所を引用しておく。「最近はどうか知らないが、日本の大学では本の読み方などを教えられる機会が少ないのではあるまいか。先生がどんな方法で読んだり、ノートやカードを拵えたり、どんな道具（辞典や参考書や文献など）をどう使うのか、見せてもらう機会があまりないように思う。」（大内兵衛・茅誠司　一九六〇、一五〇頁）

5 異色の国語教師としてその名を馳せた橋本武（二〇一二、四八頁）も、その長い教育経験を基に、国語力を磨くことの重要性を次のように力説している。

「長い間、国語教師を務めてきてはっきり言えること、それは「国語力」がすべての学問の基礎になるということです。［…］さらに、国語力は生活全般で常に必要となります。つまり、国語力イコール「生活力」なのです。相手のことを理解する、そして、自分のことを相手に理解してもらうという人間関係の基本的、かつ、もっとも重要な場面において、国語の力や読解力はいやでも試されます。」

6 外国語学習が日本語力の向上にも資する旨の指摘は、昔から多くの人によってなされてきた。例えば亀井勝一郎（一九七三）は次のように述べている。

・「どこの国でも差支えない。最初は翻訳を読んでも、もしほんとうに感動したならば、それを原語で読むようその語学を学ぶべきである。そしていずれの国かの言葉をひとつ知っていることは日本語の固有性を理解する上にも役立つ筈である。外国へ旅して却って日本の姿がわかるように、外国語を知って日本語の性格もわかるであろう。」（一一〇頁）

・「異国の言葉を学んでこれを日本語化することは、いま述べたように極めて困難ではあるが、自国語の性格をも改めて見直させる作用をもたらすものである。日本語の特徴は外国語を学ぶことで一層はっきりする。外国へ行ってみて自分の姿がわかるようなものである。」（一四一頁）

7 日本学術会議 大学教育の分野別質保証推進委員会 言語・文学分野の参照基準検討分科会報告（二〇一二）も、日本学術会議（二〇一〇）の『回答』を踏まえているので当然のことではあるが、次のように『回答』と類似の提言を行っている。

・「国際共通語としての英語教育

英語教育においては以下の点を踏まえる必要がある。
i 英語という共通語と英米文化理解を区別すること。文化的負荷を可能な限り軽減しないと非母語話者同士のコミュニケーションは成立しないことを認識する必要がある。
ii 国際共通語としての英語は母語に根ざしているわけではないので、母語の習得過程を学修のモデルとして強調せず、英語母語話者の規範から自由になり、相互に「わかりやすい」(intelligible) 英語を使うこと。
iii グローバル時代のコミュニケーションにおいては、[…] 書記言語が音声言語と並んで重要な役割を果たしている。それゆえ音声言語の運用能力と並んで、リテラシーの学修を重視すること。また、話し言葉であれ論文やビジネス文書などの書き言葉であれ、特定の文化や習慣を前提としなくても理解できるような論理構成を学ぶことは、グローバル・コミュニケーションにおいて重要である。」

・「**外国語**

国際共通語としての英語の修得は、制度的・文化的多様性を平準化して、単一の尺度で物事を進めようとするグローバル化への対応である。一方、国際化は、制度・慣習・言語・文化等を異にする国(地域)同士あるいは人間同士の相互理解、差異を認めた上での相互尊重の上に成り立つ。外国語の学びは、そのような世界の多様性の認識の鍵である。同時にそれは、無意識に使用される第一言語を意識化し、それをコントロールし運用するためにも有用である。この点を踏まえて、次のような原則が立てられる。
i 言語の背景をなす文化と歴史を重視し、言語が内包する文化、社会、歴史を言語と切り離さずに学ぶこと。
ii 音声言語の運用能力の訓練と並んで、リテラシーとりわけ文章の読解力の養成を重視すること。
iii 英語は国際共通語であるばかりでなく、ひとつの外国語でもあるので、外国語教育においても学修の対象となる。しかし英語はグローバルな立場との癒着を避けることが難しいので、英語を外国語として学ぶ場合は、それ以外の第二外国語も合わせて学ぶことが望ましい。」

8
本文では、大学における教養教育の一環としての英語教育の対象を、日本学術会議の『回答』に倣い、「国際共通語としての英語」とすべき旨を述べたわけであるが、竹蓋幸生・水光雅則（編）（二〇〇五）は、大学の教養教育としての英語教育が対象とすべき英語について、これとは別の提案をしているので、ここで簡単に見ておくことにする。彼らによると、英語は、その使用目的に応じて、大きく①一般目的の英語（English for General Purposes：EGP）と②特定目的の英語（English for Special Purposes：ESP）に分類される。さらに後者のESPは、③学術目的の英語（English for Academic Purposes：EAP）と④職業目的の英語（English for Occupational Purposes：EOP）に区分される。そして③のEAPは、⑤一般学術目的の英語（English for General Academic Purposes：EGAP）と⑥特定学術目的の英語（English for Special Academic Purposes：ESAP）に分けられる。

このうち大学の英語教育が対象とするのは、一般的には③のEAPであると考えられるが、卒業後の職業と大学教育の内容が密接に関連してくる場合には、④のEOPもその中に含めてよいという。

教養科目としての「英語」が対象とするのは、右記の分類に従えば、一般には⑤のEGAPであり（EGAPの語彙に関しては、京都大学英語学術語彙研究グループ＋研究社（二〇〇九）参照）、学部・学科の専門教育科目としての専門英語が対象とするのは⑥のESAPであると考えられる。なお、広い意味での職業人養成を旨とする大学の場合には、これら両科目の中に④のEOPも含めて考えてもよいと思われる。

つまり、竹蓋・水光の分類に従えば、大学の英語教育は、社会人養成の観点から、②のESPを対象とすべきだということになるであろう。

9　学修成果を短期間で「測定」できるものに限定し、大学教育の内容もこれに連動して狭く底の浅いものとしてしまっては、教養豊かで自立的な市民の育成という目標の実現にはほど遠い結果となってしまうであろう。次に引用する人たちも、学修成果とその評価の在り方、あるいは大学教育の質保証といった問題に関して、本文に引用した論考とほぼ同じような主張を展開している。

・「本質的教育評価は、計測可能（観察可能）なものの中にはない。むしろ、隠されていることのなかに評価すべき内容がある。」（絹川正吉　二〇〇六、二四七頁）

・「近年、学習の「評価」が必要以上に重視されるようになってくると、学習内容を知識や技能の「測定可能」な部分に限定しようとする考え方や、学習内容を具体的な行動に置き換えることにより高い評価を得ようという考え方が登場するようになる。そして、短期間で確実に学習成果をあげるために、よりコントロールしやすいものが学習内容に選ばれることで現実世界とかけ離れた学習内容になってしまう。」（渡部信一 二〇一三、八一頁）

・「教育という営為を、教授と学習という二つのプロセスに分けて考えると、大学は提供する教育内容と教育方法については、その質を保証することは可能であり、それは大学の果たすべき役割でもある。しかし、大学が提供する教育が、そのまま学生の学習成果に結びつくとは限らない。教授の質の保証はできても、学習成果の質の保証は必ずしもできるわけではない。そのことを踏まえた、学習成果の評価が必要であろう。」（吉田文 二〇一三、三七頁）

・「FDが義務化されて以来、全国の大学では様々なFD活動が実施され、授業の改善やカリキュラムレベルの改訂なども試みられてきている。その際に、それらの試みが有効であったのかどうかが問われることになるが、往々にして、学生の学力が上がったかどうかなど、いわゆる学習成果(learning outcomes)がいきなり問題にされる。しかし、授業の「改善」であるとか、「学習成果」といったものは、そう簡単に捉えられるものではない。学習成果は、一般には、単にある標準的な学力検査の得点のみで表現され得るものではない。」（大塚雄作・山田剛史 二〇一二、一九五頁）

10 本文に示した「共通「学士力」試案」は、実は、筆者の現勤務校である目白大学において、平成二六年度に「学士力検討委員会」という委員会組織が作られ、筆者がその委員長となって、「目白大学における学士力」として取りまとめ、平成二六年一二月二四日に全学的に承認されたものである。この試案は従って、もともと「目白大学における」という限定文句が付けられていたわけであるが、その内容はすべての大学に共通に当てはまる、普遍性の高いものとなっていると考えられるので、敢えてそのままの形で本文に掲載した次第である。

なお、「試案」(5)の「向上心」について、加藤秀俊(二〇〇九、八八―八九頁)は次のように説明している(加藤は「向学心」という語を用いている)。「学ぶべきこと、おぼえるべきことは、無限である。人間の向学心、あるいは好奇心は、その無限の世界にむかって、いつも積極的にかかわりあっていなければならない。ほんのちょっぴりの知識を学びとったから、といって、ごう慢になったら、そのとき、人間の精神は成長を停止したのだ、といってもよい。」

同様に猪木武徳(二〇一六、八五頁)も、われわれの言う「向上心」とほぼ同じ内容のことを次のように説明している。「人間の知識を球体の形をした物と考える。知識が増えれば、球体はどんどん膨張して大きくなる。しかし人間の疑問や未知の問題への関心は、この球体が外界と接触する表面から生まれる。知れば知るほど球体は大きくなるが、同時に表面も広くなり、わからないこと、知りたいこともどんどん増えていく。多くを知ると、知らないことが減るのではなく、逆に増えるのだ。そのときに生まれる「さらに知りたい」という内発的な欲求こそ、近年われわれが身を置く教育機関で薄まりつつある「気概」ではなかろうか。」この引用の中で「「さらに知りたい」という内発的な欲求」あるいは「気概」という表現が使われているが、これらの言葉はわれわれの「向上心」とほぼ同義のものと解釈してよいであろう。

11　広田照幸(二〇一五、三三〇―三三四頁)は、ドイツのブレツィンカという教育学者の「教育目標の二重性」という考え方を紹介し、この考え方を基に、教育目標はどう設定すべきか、そして教育活動はどう展開しどう評価すべきか、という問題について議論している。非常に有益な議論と思われるので、少し長くなるが該当箇所を引用しておく。

・「もう一つ言えることとして、「教育の目的や目標が美しく設定されても、現実の教育はそれを実現できるとはかぎらない。だからといって、目的や目標を高く設定することに意味がないわけではない」ということです。」

・「現代ドイツの教育学者、ヴォルフガング・ブレツィンカが「教育目標の二重性」について議論しています

(『教育科学の基礎概念』黎明書房、一九八〇年)。「二重性」の一つは、教育を受ける者はこうあるべきだという理想としての教育目標です。もう一つは、教育者が実際に教育するために課題とされる教育目標です。少し難しいので言い換えると、前者は「教育を受ける者のあるべき姿」、つまり「であるべし」のこと。ブレッィンカは、前者の「であるべし」という教育目標は、それを実現するために用いる手段については何も述べない、と指摘しています。どうやればよいのかはわからないし、どうやればよいのかとは無関係に、目標は設定できるわけですね。だから、この側面で教育の目標を考えると、被教育者のあるべき姿を記述する言明は、あくまでも理想として掲げられているものにすぎず、実現するかどうかはわからないわけです。たとえば「個性あふれる子どもを育てる」とかが目標として掲げられていても、それはあくまでも理想にすぎないわけです。

それに対して、後者は「教育者がこうすべきだ」という、(教師が)「なすべし」という目標です。これについては、目標が達成されたかどうかは確認ができます。「個性あふれる子どもを育てよう」と、教育方法や教育内容がきちんと組織的に展開されたのかどうか、という点を確認すればよい。つまり、教育活動のあり方の方向性を定めるための目標という側面です。

つまり、教育活動の結果に関する理想を示すという意味での「教育の目標」と、教育活動の方向性を統一的なものにするための「教育の目標」という、二重性があるわけです。」

・「世の中には、この二重性を区別しないままの議論があまりにも多い。「目標が達成されていないじゃないか」と怒ってみたり、「どうせ実現できない目標だから」と無視してみたり。

でも、「目標が達成されていないじゃないか」と怒ってはいけません。「であるべし」という教育目標は、十全には達成できないのがあたりまえなのです。「分数のわり算を理解させる」という教育目標は、そうならない子どもが出てしまうことを避けられません。教師が何をどこまで「分数のわり算を理解させる」目標に沿ってやったのか、が検証に値するだけのことです。

同様に、「どうせ実現できない目標だから」と無視したりしてはいけません。そんなふうに諦めてしまったら、目の前の教育実践を何に向けて組み立てるのかについてのポリシーがなくなってしまいます。目的も目標もないまま、理想のかけらもなく、ただ惰性で教育をやる、ということになってしまいます。ここで言いたいのは、高い目的や目標を設定することで、実現可能性とは無関係に、教育者が「何をなすべきか」が明確になる(後者の教育目標)という点です。だから、教育目標を掲げること自体は、教育を成り立たせるために必要なことなのです。

そうであるとすると、教育者が「何をなすべきか」という点で、上でみたような高邁な教育目的や目標をもう一度きちんと大事にしてみませんか、というのが、私の言いたいポイントです。」

・「「教育の目標」には二重性があるということは、教える側と学ぶ側との間に、常にズレがつきまとうのだということを意味しています。この点は、もう少し深く考えてみる必要がありそうですね。

ブレツィンカの議論を踏まえると、次のようなことがいえると思います。まず、社会がある教育目標を理想として設定したとしても、その段階では手段は明示されていませんから、それを教育者がきちんと実行できるかは分からない。「現場で何とかしろ」という話になりますね。しかし、本当にそれがアウトカムの次元で実現する保証はない。すべての教育者ができるのは、目標に沿った教育方法や内容を教育者が考え抜いて準備し、実施してみることまでです。結果はわからない。ブレツィンカも「教育学の諸理念の歴史を注視して分かることは、多くの教育目標はその実現可能性を顧慮することなく提出されているということである」「むしろ教育目標の内容は、教育目標が実現可能であるか否かについては保留したままで規定されている」と言っています。「努力する」ということと「できる」ということは違うのです。」

・「最近は、PDCAサイクルとか、教育振興基本計画とか、目標を立てて目標の達成に向けて教育をやっていって成果をあげようという議論が横行しています。でも、教育は思った通りにはならない。そこで悲喜劇というか、そんなものがあちこちで展開しています。細かく詳細な教育目標を立てて、そのための手段も細かく設定する。――でも、いざ実際の教育はそんな思い通りの結果は得られないから、つじつま合わせに苦労する、といった感じですね。政治家や官僚は、目標と手段を細かく決めさせれば、上で望んでいる通りの結果が得られるだろうという、あまりに単純な議論でやれると誤解している。でもそれは、教育の本質を知らない暴論です。」

12　二〇〇八年の中教審答申『学士課程教育の構築に向けて』が公にされて以降、「課題解決能力」なるものの育成に有効であるとして、いわゆるアクティブ・ラーニングの手法を取り入れた授業の実践が多くの大学で試みられ、また強力に推奨されてもいる。典型的には、授業に参加している学生をいくつかのグループに分け、各グループでテーマを決めて賛成・反対の討論をさせ、一定の結論を導かせるというような、学生が主体的に学ぶことを意図した「能動的学習」を通して、「課題解決能力」を育成しようというわけであろう。別言すれば、教員が一方的に講義を行い、学生はただひたすらそれを受動的に聴いているだけの、従来型の授業では、求める能力は身につかないということであろう。

しかし、正解の見えない困難な課題に然るべき解を導く能力としての課題解決能力は、そのようなグループ学習をいくら積み重ねてみても身につくことは恐らくないであろう。われわれが今求めようとしている能力、すなわち個々人が生涯を通じて自ら磨いていかなければならない創造性や創作力と呼ばれる能力は、右記のような「能動的学習」を通して身につく程度のありふれた能力ではないからである。つまりこの能力は、本文に示した学士力を十分身につけて初めてある程度獲得することのできる、はるかに高度な能力と見なすべきものなのである。今井むつみ(二〇一六)もこれと類似の意見を述べているので、参考のために次に引用しておく。

・「長年の努力と研鑽の結果である広く深い知識、そこから生まれる直観、その分野で広く信じられていた常識にも、自分の直観にも支配されない思考の柔軟性。そして直観を修正し、データに基づいて論理を積み重ねて熟慮する批判的思考力。何年にもわたってこつこつと続ける粘り強さ。そのすべてを満たすことが、科学にも、その他の分野でも、創造的であるために必要不可欠なのだ。」(一九七頁)

ここで急いで付け加えておかなければならないが、筆者は大学教育にアクティブ・ラーニングの手法を導入することに反対しているわけではない。学生に学士力や専門基礎力を獲得させることに有効である限りにおいて、「学生が能動的に授業に参加し、主体的な学びの姿勢を身につけること」(永田 敬・林 一雅編 二〇一六、一七二頁)を本来の目的とするアクティブ・ラーニングは積極的に推奨されて然るべきであろう。ただし、大学教育にアクティブ・ラーニングの手法を導入する場合の留意点として、山内祐平(二〇一六、三七頁)は次のようなことを指摘している。傾聴すべき意見であろう。

・「学習者の能動性を担保し、様々な人々が協力して課題を解決する経験から学ぶという活動が、アクティブラーニングの典型である。初等中等教育であってもワークショップなどのノンフォーマル学習であってもその本質は変わらない。

　しかし、大学でアクティブラーニングを実施する場合、教育目標である高い専門性の獲得とアクティブラーニングをどのように両立させるかという問題が生まれる。

　フォード(Ford 2010)は、アクティブラーニングにおいて、課題解決の際に学習者の日常的な知識しか利用されないとすれば、学問的知識を対象としたアクティブラーニングとしては不十分であることを指摘している。そのうえで、アクティブラーニングの中に積極的に学問的批評活動を取り入れ、学会で行われているような、知識構成の妥当性(研究の方法とそれによって明らかになった事実の対応)を既存の研究群から批判的に問い直す活動を導入することを提案している。」

第Ⅲ章

大学院教育の在り方を考える

1　大学院の何が問題か

二つの問題

今日、日本の大学院は二つの深刻な問題に直面している。一つは量的規模の拡大とこれに伴う学生の著しい質の低下の問題であり、もう一つは大学院の果たす機能・役割の不透明性と、恐らくこれが原因で生じていると思われる大幅定員割れ等の問題である。

高等教育機関の量的拡大

吉見俊哉（二〇一三、一五三―一五四頁）と天野郁夫（二〇一三、九四頁）の事実観察を基に、戦後日本の高等教育の歴史を数量的な視点から簡単に振り返ってみると、終戦の年の一九四五年には大学はたったの四八校しかなかったが、二〇一〇年代までにその数は約七八〇校（一六倍）に激増した。大学生の数も、四五年の約八万人から二〇一一年の約二九〇万人へと、約三六倍に膨れ上がった。大学院に目を転じると、初めて統計がとられた一九五〇年には全国に一八九人の大学院生しかいなかったが、二〇一〇年には約二七万人（約一四二九倍！）という恐るべき人数に達した。現在大学院を置いている私立大学の数に着目すると、日本全国の私立大学の現総数は約五八〇校、このうち博士課程を設置している大学が二九〇校（約五割）、修士課程を置いている大学は四〇〇校以上（七割）に達している。その一方で、一八歳人口は、団塊の世代の中でも最も出生率の高かった昭和二二年生まれの者がその年齢を迎えた一九六六年の約二五〇万人から、二〇一〇年の約一二〇万人へと半分以下に激減しているのである。

このように、特に一九八〇年代末以降少子化が進行していく一方で、大学院も含め高等教育機関は量的拡大の一途を辿り、右記のような膨大な規模に膨れ上がったのである。この規模拡大の潮流の源は、一九八〇年代後半に当時の中曽根内閣直属の機関として設置された臨時教育審議会にある。後に「事前規制から事後チェックへ」というキャッチフレーズで呼ばれることになる規制緩和の方針がその答申の中で打ち出され、この方針の下、大学や学部の新増設が次々と容認されていったのである。

大学院の量的拡大の方針は、将来の大学院在学者数を「三〇万人規模」と予想し、大学院の規模拡大の方向性を提言した一九九八年の大学審議会答申『二一世紀の大学像と今後の改革方策について―競争的環境の中で個性が輝く大学』に端を発する。この提言の趣旨に沿って大学院や専攻の新増設もある意味では実に気前よく容認されていったのである。

大学院の量的拡大をもたらしたもう一つの大きな要因は、一九九〇年代以降に国立大学を中心に始まった大学院重点化という教育研究組織の一大転換の動きである。学部に基礎を置く従前の組織から大学院を中心とする体制へと切り替える大学院重点化の試みは、一九九一年の東京大学法学政治学研究科の設置に始まり、二〇〇八年までに旧制帝大系の七大学をはじめ、一橋大学、東京工業大学、東京医科歯科大学、神戸大学、筑波大学、新潟大学、金沢大学、岡山大学、広島大学の計一六大学が重点化を成し遂げた。予算の拡大を主な目的としたこの大学院重点化の結果、これらの国立大学大学院の学生定員は飛躍的に増大したのである[1]。

「大学院教育」以前の問題

学士課程がいわゆるユニバーサル段階に到達して早や一〇年以上が経過したが、この間大学院も量的拡大を続け、大学院の学生数は、一九八五年の約七万人から二〇一〇年の約二七万人に増加した（吉見 二〇一三、一五四頁参照）。つまり、たった二五年間のうちに二〇万人も増加したわけである。国から定員を満たすことを強く求められた必然的な結果として、国公私立を問わずほとんどすべての大学院において、昔であれば合格できるはずのない低水準の学生も相当数入学してくるという事態が常態化しているのである。研究者養成を主眼としていたかつての大学院教育は、崩壊の危機に晒される結果となり、「大学院教育」と言うよりは、天野（二〇一三、一七三頁）の用語を借りれば「大学後教育」あるいは「学部後教育」と言った方が適切と思われるような事態に、今現在われわれは直面しているのである。ユニバーサル段階に至った学士課程で高度な専門教育を行うのは非現実的であり、本格的な専門教育は大学院に先送りすべきである、という議論とある意味でパラレルな議論が大学院にも成り立つ事態に至っていると言い換えてもよい。つまり、本来学部卒の段階で身につけていなければならない基礎的な専門性、あるいは大学院教育の前提となる基礎学力がほとんど欠如しており、「大学院教育」どころか、それ以前の、天野（二〇〇五）の言葉を借りれば「高等補習教育」が必要とされるような状況が散見するに至っているのである。

従来の大学院教育の円滑な遂行を妨げていると思われるもう一つの要因は、中国や韓国、あるいは東南アジアといった近隣諸国からの留学生の増加である。ことばや文化の問題も含め、彼らの存在は、旧来の大学院教育の在り方を根底から問い直すことを要求していると考えられるからである。

問われる大学院の機能・役割

先ほど指摘したように、現在日本に私立大学は約五八〇校あるが、そのうち博士課程を設置している大学が二九〇校（約五割）、修士課程を置いている大学は四〇〇校以上（七割）に達している。これらのおびただしい数の大学院は、その多くが大幅な定員割れを起こしている中で、一体どのような社会的機能・役割を果たしているのであろうか。この肝腎な点が明らかにされていないがために、国立大学も含め大幅ないし恒常的定員割れという現象が生じているのではないだろうか。大学院修了後の進路も保証されていないところに、誰が敢えてリスクを冒してまで進学しようとするであろうか2。

実際、二〇一一年に公表された中央教育審議会答申『グローバル化社会の大学院教育〜世界の多様な分野で大学院修了者が活躍するために〜』において、今日の大学院の主要な問題点として、

・区分制博士課程において、人材養成目的が前期・後期いずれの課程を対象としているのか不明確なものが多い。
・人材養成目的や修得すべき知識・能力が概念的・抽象的で、整合的ではない大学院［…］が多い。
・キャリアパスが明らかでないことが、優秀な学生の大学院への進学意欲をそぐ結果となり、進学者が減少している。

などの点が指摘されている。同答申は、これらの問題点を踏まえ、「学生が将来のキャリアパスを描くことができるよう、大学院教育の「可視化」を推進」することを求めている。具体的には「人材養成目的、修得すべき知識・能力の体系、入学者受入方針を整合的に規定し、カリキュラム、成績評価基準、教育研究組織、学生支援、修了者の進路等の教育情報を、学生や社会に広く公表する」ことを提言している。

二〇一五年八月に出された中央教育審議会大学分科会大学院部会の審議まとめ（『大学院教育改革の推

進について～未来を牽引する「知のプロフェッショナル」の育成～（案）』）においても、今後の大学院教育改革の「七つの基本的方向性」の一つとして「大学院修了者のキャリアパスの確保と進路の可視化の推進」という方針が打ち出されている。

伝統的に研究者の養成を主眼としてきた、博士課程を置いている主要国立大学においても、厳しい状況に変わりはない。二〇〇四年四月に国立大学が法人化されてから約一二年が経過しようとしているが、この間国から各国立大学法人に配分される運営費交付金は毎年度約一％ずつ減額されてきた。その結果、若手研究者の雇用枠も大幅に縮小され、大学院生は、博士課程を修了してもその知識や能力を活かした職に就くことが困難な状況に追い込まれているのである。修了後のキャリアパスがほとんど見えないわけであるから、たとえ優秀な学生でも、いや優秀な学生ほど、博士課程への進学という高リスクの選択肢は選ばなくなるであろう[3]。二〇一六年一月に発行された『IDE現代の高等教育』No.577に、「二〇二〇年への展望」と題する新年座談会での各出席者の発言内容が掲載されており、その中で、東北大学総長で国立大学協会会長の里見 進氏は、国立大大学院の博士課程の窮状を次のように訴えている。

「大学院の博士課程での教育を考える際、以前は学問分野の後継者つまり研究者を育成することを目的にしていました。しかし法人化以降一一年間で一四〇〇億を超える運営費交付金が減額され、結果として大学で雇用できる若手の研究者の数が急激に減少してきています。したがって、学生は大学院に進学してもその後の研究者としてのキャリアパスを描ききれなくなっています。大学院に進学する学生が減ってきた要因の一つです。」(一四頁)

文科省 高等教育局長の常盤 豊氏もこの座談会の中で、「一番大きな問題は、特に博士課程に進学する学生の数が減ってきているということです。その一番の原因はキャリアパスが見えないことです。」(一五頁)と発言されているわけであるから、国の高等教育予算の増額措置も含め、大学院修了者のキャリアパスの確保ということが、国側にとっても、また大学側にとっても当面の最大の課題となっていると言えそうである。

国側の要請

大学院の目的や役割を明確にすべきであるという提言は、実は、大学院の規模拡大の方針を打ち出した政府自らが行ってきたことである。すなわち、一九九八年の大学審議会答申『二一世紀の大学像と今後の改革方策について—競争的環境の中で個性が輝く大学—』の中に「大学院の課程の目的・役割の明確化」という文言が盛り込まれ、その後この提言は、二〇〇五年の中央教育審議会の二つの答申（『我が国の高等教育の将来像』及び『新時代の大学院教育――国際的に魅力ある大学院教育の構築に向けて』）にそのまま引き継がれている。特に二〇〇五年の中教審答申『新時代の大学院教育』は、大学院が担うべき人材養成機能を次の四つに整理している。

①　創造性豊かな優れた研究・開発能力を持つ研究者等の養成
②　高度な専門的知識・能力を持つ高度専門職業人の養成
③　確かな教育能力と研究能力を兼ね備えた大学教員の養成
④　知識基盤社会を多様に支える高度で知的な素養のある人材の養成

その後、この提言に基づき大学院設置基準が改正され、次のような条項が追加された。

「**（教育研究上の目的）**
第一条の二　大学院は、研究科又は専攻ごとに、人材の養成に関する目的その他の教育研究上の目的を学則等に定めるものとする。」

これによって大学院の人材養成目的等の公表が各大学に義務づけられたことになる。

さらに、大学院の規模拡大による教育の質の低下を防止するために、先の二〇〇五年の中教審答申『新時代の大学院教育』は、「各大学院の課程の目的を明確化した上で、これに沿って、学位授与へと導く体系的な教育プログラムを編成・実践し、そのプロセスの管理及び透明化を徹底する方向で、大学院教育の実質化（教育の課程の組織的展開の強化）を図る」こと、そして各大学院の「人材養成目的や特色に応じてアドミッション・ポリシーを明確に」することを求めた。この提言は、後に二〇〇八年の中教審答申『学士課程教育の構築に向けて』が、各大学に「学位授与の方針（ディプロマ・ポリシー：DP）」、「教育課程編成・実施の方針（カリキュラム・ポリシー：CP）」、「入学者受入れの方針（アドミッション・ポリシー：AP）」という三方針の策定を求めることとなった提言の先駆けをなすものと言ってよい。この提言の背後には、各大学院に三方針の策定を求めることにより、大学院教育を実質化し、その劣化をなるべく防止したいという切なる願いが潜んでいると想像される。

二〇〇五年の答申『新時代の大学院教育』の精神を受け継ぐ形で、二〇一一年、中教審は『グローバル化社会の大学院教育～世界の多様な分野で大学院修了者が活躍するために～』という答申を公表する。すなわちこの答申は、大学院教育の実質化に向けた取組を一層強化すること、具体的には、課程及び専攻単位で、人材養成の目的や学位の授与要件、修得すべき知識・能力の内容を具体的・体系的に示すこと、などを求めている。

二〇〇五年から国が三方針の策定を各大学院に求めてきたにもかかわらず、策定作業の進捗状況が全体的に捗々しくない現状を打破するために、二〇一五年八月に出された中教審大学院部会の審議まとめ（『大学院教育改革の推進について～未来を牽引する「知のプロフェッショナル」の育成～（案）』）は、改めて「学位授与・教育課程編成・入学者受け入れの方針の一体的な策定・公表の促進」を訴えている。

2　大学院の今後の課題

大学院の設置目的の不透明性とその役割の多様化

前節で述べたように、一九九〇年代末からの大学院設置に関する国の規制緩和政策と、国立大学を中心とする大学院重点化の流れによって、設置の目的や趣旨が必ずしも明確化されないまま、大学院の新規増設や規模拡大が比較的短い期間で一気に進んでしまった。特に私立大学は、大学院を持っていないと「格下の大学」と見なされることから、人材養成等に関する目的が必ずしも明確でないにもかかわらず、なんとなく大学院を設置しているところが多いと想像される。また国立大学の大学院重点化も、その経緯を見れば明らかなように、教育内容や人材養成に関する目的よりも予算獲得の目的が優先されて進められてきたと言っても決して過言ではないであろう。つまり、大学院は量的に拡大されたが、その目的や役割は必ずしも明確にされているわけではないということである。

もちろん、大学院の目的等に関して法律に記載がないというわけではない。学校教育法は大学院の目的に関して次のように規定している。

「第九九条　大学院は、学術の理論及び応用を教授研究し、その深奥をきわめ、又は高度の専門性が求められる職業を担うための深い学識及び卓越した能力を培い、文化の進展に寄与することを目的とする。」

また大学院設置基準は、右の学校教育法第九九条の規定に沿って、修士課程と博士課程の目的をそれぞれ次のように規定している。

「第三条　修士課程は、広い視野に立って精深な学識を授け、専攻分野における研究能力又はこれに加えて高度の専門性が求められる職業を担うための卓越した能力を培うことを目的とする。」

「第四条　博士課程は、専攻分野について、研究者として自立して研究活動を行い、又はその他の高度に専門的な業務に従事するに必要な高度の研究能力及びその基礎となる豊かな学識を養うことを目的とする。」

つまり、法規上の規定に従えば、大学院は、伝統的に、

①　研究者の養成

② 高度で専門的な職業能力を有する人材の養成(職業教育)

という二つの機能を果たすことを目的としてきたと言ってよい。

しかしその後、グローバル化の急速な進展に伴って社会がますます複雑化し多様化していく中で、広く実社会の各分野で指導的な役割を果たす人材を養成することが新たに大学院に求められるようになり、大学院の果たすべき役割自体が多様化してきたと言えるのである。すなわち、「研究者だけでなく、これまで軽視されてきた大学教員、さらには「高度」職業人から「国際社会で活躍し世界を牽引するリーダー」まで」(天野郁夫　二〇一一、一四頁)、大学院に対する人材養成上の期待は高まる一方である。この社会的要請に応えるために、国側も、「産学官の中核的人材としてグローバルに活躍する高度な人材」(中教審答申　二〇一一)、あるいは「グローバルに活躍し未来を牽引する高度な「知のプロフェッショナル」」(中教審大学院部会審議まとめ　二〇一五)の育成を強く訴えているのである。

大学院版三方針の策定と大学院教育の再構築

先にも述べたように、大学院は、法規上は研究者の養成と高度専門職業人の養成という二つの機能を担うものとされているが、我が国を代表する大学院のほとんどは相変わらず研究者の養成に重点を置いており、また私立大学を含む多くの大学において、特に大学院の規模拡大の方針が打ち出された九〇年代末以降は、学生の質の低下も相まって、どちらの人材育成機能に関しても中途半端な状況が続いていると言わざるを得ない。

そこで、各大学院は、当該大学のミッション（社会的使命）、ちなみにミッションというのは、その大学の建学の精神や独自の教育理念、そしてその大学の教育研究条件や学生の実態、あるいは社会からの要請などを踏まえて決められるべきものであるが、そのようなミッションも考慮に入れて、まずは人材養成目的を明確にする必要がある。その上で、各大学院が独自に、「学位授与の方針（ＤＰ）」、「教育課程編成・実施の方針（ＣＰ）」、「入学者受入れの方針（ＡＰ）」という三方針を策定する必要がある。この三方針を策定すべきであるという提言は、前節で指摘したように、このような名称が明示的に使われていたわけではないが、二〇〇五年の中教審答申『新時代の大学院教育』において初めてなされ、その三年後の二〇〇八年の中教審答申『学士課程教育の構築に向けて』において、学士課程における三方針の策定の必要性が提言されたのである。それにもかかわらず、「学士力」という新概念の提示も含め後者の答申の方が社会的に大きな注目を集めることとなり、大半の大学が学士課程における三方針の策定に主力を注いだために、大学院における三方針の策定の作業は後回しにされてしまったのである。先に述べたように、中教審答申（二〇一一）や中教審大学院部会審議まとめ（二〇一五）において、三方針策定の重要性が改めて強く訴えられているのはこのためである。

大学院における三方針を策定する場合に注意しなければならないことがいくつかある。その第一は、学士課程における三方針と内容的に重複しないように配慮する必要があるということである。別言すれば、どのような人材を養成し、そのためにどのような教育を施すかという点に関して、学部と大学院の関係を明確にし、内容的な棲み分けを検討する必要があるということである[4]。

もう一つ考慮しなければならないのは、入学させてしまった低学力の学生をどう教育すればよいかという問題である。事実、吉見(二〇一一、二二九頁)が指摘しているように、「一部大学院ではすでに大学院修了の学力水準が学部後期課程の学力水準を下回る現象も珍しくなくなりつつある」のである。修士課程のカリキュラムを構築する場合、現実問題として、ひょっとすると学部段階で本来学んでおくべき学修内容について、「補習教育」を行うことも考えなければならないのではないだろうか。これは学士課程教育の一部に初年次教育あるいはリメディアル教育を組み込む必要があるというのと似ていると言えるかもしれない。

三方針を策定する場合、最後に注意しなければならないのは、あくまでもその策定は、学生をきちんと教育し大学院の人材養成目的を確実に達成するためであって、認証評価で高得点を得るためではないという点である。すでに多くの大学で学士課程における三方針が策定され公表もされているが、学士力等を獲得させるために教養教育や専門教育の内容を抜本的に見直し、新カリキュラムを導入・公表するところまで行っている大学は残念ながらごく稀であろう。事の筋から言えば、学士課程であろうが大学院であろうが、本来、創造性と創作力を身につけた自立的な市民へと学生を成長させるために三方針を策定し必要な教育課程を編成しなければならないのである。大変骨の折れる仕事ではあるが、この肝腎な点を忘れ、あるいは意図的にこれを無視し、「お手軽に」策定した三方針を単に公表するだけに終わってしまったら、すべての努力は徒労に終わり、学生の質の低下と大幅定員割れという現状が改善される兆しもないままに、相も変わらずの「評価疲れ」という空しい結果が待ち受けることになるだけであろう。どのような努力も、「外部評価」で高得点を獲得するためになされるものでは断じてなく、あくまでも学生のためになされるべきものなのである。

博士前期（修士）課程のスリム化と大学院への教養教育の導入──野家啓一の提案について

大学院のこれ以上の質の低下はなんとしても食い止めなければならないであろう。そのための方策として、野家（二〇一五、三六頁）は次のような提案をしている。

「従来のような研究者（後継者）養成を主軸としたカリキュラムでは立ち行かないことは自明であろう。少なくとも、文系大学院で学位をとった人材が、終了後に国連や世界銀行などの国際機関で活躍できるような教育システムを導入せねばならない。それと同時に、博士前期課程（修士課程）については、選抜を厳格にしてスリム化すべきであろう。それなしには、国際水準に伍した人文・社会科学の研究レベルを維持することはもとより困難だからである。」

この引用文中の「それと同時に」より前の部分は、博士課程における人材養成の在り方に関係する内容で、少なくともこれからの大学院は、研究者養成機能に特化した形では立ち行かない旨を述べている。博士課程における人材養成目的を明確化し、それに見合ったカリキュラムを新たに構築すべきであるという氏の指摘はまったくその通りであり、まことに時宜を得た提案と言うべきであろう。

ここでの関心事は、右記引用の後半部分である。すなわち、人文・社会科学分野の研究水準の維持・向上を図るためには、博士前期（修士）課程の選抜を厳格化し、課程の規模をスリム化すべきであるという提案である。本節の冒頭でも指摘したように、一九九〇年代末からの大学院設置に関する国の規制緩和政策等によって、大学院の新規増設や規模拡大が短期間のうちに進行し、目的や役割の不明な研究科や専攻が大幅に増えた結果、学生の質の低下や大幅定員割れ等の問題が生み出されたわけであるから、選抜の厳格化と規模の縮小という提案は、学生の質及び研究水準の維持・向上を図るための解決策としてはきわめて真っ当な考え方であると思われる。ただし、改めて言うまでもないことだが、この提案が成立する大前提として、大学院における人材養成目的の明確化を含め先の三方針をきちんと策定することと、目的実現のためのカリキュラムを新規に立ち上げ、これに沿った教育を確実に実践していくことが強く求められる。

野家はさらに、「大学院の教養教育」を新たに導入すべきであるとの論を展開している（三六―三七頁）。

「教養の重要性が認識できるのは、ある程度の専門教育を受け、その専門が現代社会の中でどのような意義と役割をもつのかに関心が向く大学院の段階だと言ってよい。その意味では、理系の大学院では「社会文化リテラシー」を、文系の大学院では「科学技術リテラシー」を身に着けるための教養教育こそ現在必要とされているのである。」

大学院への教養教育の導入の必要性を説いた野家の提案の背後にある基本的な考え方は、二〇一〇年に公表された日本学術会議の『大学教育の分野別質保証の在り方について』という文科省への回答にそのルーツがあると考えられる。同回答はその中で、「市民教育としての教養教育については、必ずしも専門教育に先立って行われなければならないとする理由はない。」と述べ、「教養教育への知的渇望は、むしろ一定の専門知を身に付け、自らの社会的使命を考察する段階においてこそ強まるという考えも十分に成り立ち得る。」と指摘しているからである。この指摘は、学士課程の後半の段階のみならず、大学院レベルにも当てはまると言えるであろう。

右記の日本学術会議の回答は、専門教育との関わりから見た教養教育の学習目標を次の三点にまとめている。

「ⅰ　自分が学習している専門分野の内容を専門外の人にもわかるように説明できること
ⅱ　その専門分野の社会的、公共的意義について考え理解できること
ⅲ　その専門分野の限界をわきまえ、相対化できること」

これらの目標は、学士課程教育の目標の一部として挙げられたものであるが、少なくとも博士前期（修士）課程の教育目標としてもそのままの形で成り立ち得ると考えられる。第Ⅰ章第3節で指摘したことのくり返しになるが、これらの目標は、教養教育を通して、自分の専門分野を学問体系全体の中に位置づけ相対化する能力を自ら培うことができさえすれば、いずれも結果的に十分達成可能であると考えられる。すなわち、自分の専門とは異なるある分野の学問が研究の対象としている現象や事柄の基本的な特徴、その分野の現段階での主要な研究課題、それらの課題を解決するためのアプローチの仕方、これまでの研究成果の概要、今後の見通し、等々について、まずは教養教育によって大まかな理解を得る必要がある。この理解が得られれば、その分野の学問と、自分の専攻する学問とを比較することが可能になり、より大きなコンテクストの中で自分の専門分野の意義や価値を把握することができるようになるであろう。それができるようになれば、自分が学習している専門分野の意義や限

界、あるいはその社会的・公共的意義も含め、その内容を他の分野との比較も交えて、専門外の人にも分かるように説明できるはずである。つまり、学士課程であろうが大学院課程であろうが、教養教育の最も重要な役割の一つは、全体の中で自分を相対化する能力を涵養することにあると言ってよい。野家は、先の引用の中で、「文系の大学院では「科学技術リテラシー」を身に着けるための教養教育」が必要だと主張している。次の引用からも明らかなように、氏は、科学技術に関する基本的な知識と理解を持つことは文系の学生にとっても今日必須の要件となっているとの認識から、このような主張を行っているのである。

「人間の生き方や社会のあり方を考える人文系の学生にとっては、科学技術の及ぼす甚大な影響を考慮することなしには、未来社会のあるべき姿を構想することはできない。核反応の基本を知らずに原発の是非を論ずることはできないし、遺伝子操作の初歩もわきまえずに遺伝子組み換え食品の安全性を議論することは無謀であろう。」（野家　二〇一三、一九一―一九二頁）

教養教育としての「科学技術リテラシー」の内容は、大きく二種類に分けて考えることができる。一つは、個別科学研究の方法とその未開拓領域への応用に関する知識・理解である。「サイエンスの核」に関する教育内容と言ってもよい。もう一つは、科学的思考法・科学哲学、サイエンスの歴史などに関する基礎知識、あるいは科学技術の発展の功罪両面についての理解などである。「サイエンスの周辺」に関する教育内容と言い換えてもよい。このような教養教育を受けることにより、とりわけ文系の大学院生は、自分の専攻する学問と理系の分野との比較を通して、研究の方法や特徴、あるいは学問的な深化の度合いなどに関して、自分の専門を相対化して理解できるようになるであろう。

より広いコンテクストの中で自分の専門を相対化して理解できるようにするために、大学院に教養教育を新たに導入するという提案は、説得力もあり魅力的でもあるが、この提案を実現させるためには、修学期間が二年間しかない博士前期(修士)課程のカリキュラムの中に、どのような内容の教養教育をどのように組み入れることが可能かという難問にしかるべき答えを出す必要がある。

いずれにしても、吉見(二〇一三、一五六頁)が指摘しているように、「大学院を通じていかに新しい学びを組織し、いかなる知的人材を育成するのか」が問われているのである。遅まきながらもこの点を明らかにしなければ、大学院の将来はないと言っても過言ではないであろう。

注

1 中教審大学院部会(二〇一五)『審議まとめ(案)』によると、一九九一年にスタートした大学院重点化により、大学院は量的に拡大し、一九九一年から二〇一四年にかけて、大学院数は一・九倍、大学院生数は二・五倍に増加したという。

2　中教審大学院部会（二〇一五）『審議まとめ（案）』によると、優秀な日本人の若者の博士離れが進行していて、「研究大学」（Research University, RU）（すなわち北海道大、東北大、筑波大、東京大、東京工業大、名古屋大、京都大、大阪大、九州大、慶應義塾大、早稲田大）においても、修士から博士への進学率が低下しているという（一〇年で約七％減少）。

3　潮木守一（二〇一一）は、人文・社会科学系大学院の危機的状況を次のように描写している。

・「人文科学系・社会科学系の大学院は、学問的野心とバイタリティーをもった若者から見放されつつある。この現実から目をそらしたままでいれば、傷は深まり、やがてボディー・ブロウのように効いてくることだろう。」（四四―四五頁）

・「とくに問題なのは、人文科学系・社会科学系の大学院である。人文科学系博士課程からは年間一四〇〇人、社会科学系博士課程からは一二〇〇人ほどの修了者が出ている。［…］大学院修了と同時に大学教員ポストにありつけた幸運児は、年々減少してきており、二〇〇七年度の統計では人文科学系で一〇％、社会科学系では一七％でしかない。［…］人文系、社会科学系教員を目指すとしたら、かなりの空白期間を覚悟しなければならない。しかもその大学教員待機者は急速な勢いで累積されている。三〇歳前後まで「正業」に就かなかった者を採用する場など、どこにもない。いったいこの人達はどうやって人生を送ってゆくのだろうか。」（四七―四八頁）

4　天野郁夫（二〇一一、一四頁）は、より大きな視点から、「修士課程と博士課程、一般の大学院と専門職大学院、さらに言えば学部教育と大学院教育との複雑で混乱した関係の整理と再構築が不可欠である。」と指摘している。

第Ⅳ章

教育の評価の在り方を考える

1　近年の教育「評価」の特徴と問題点

近年の教育「評価」の特徴

よく知られているように、マーチン・トロウ(一九七六)は、高等教育の発展段階をエリート、マス、ユニバーサルの三段階に分けている。それぞれ、大学適齢人口中に占める学生数の比率が、一五%以下、約一五~五〇%、五〇%超の段階を指す。エリート段階における高等教育の機会は、文字通り少数のエリートの「特権」と見なされるが、マス段階になるとその機会は、一定の能力を持つ者の「権利」と見なされるようになる。そして学生数が該当年齢人口の五〇%を超えるユニバーサル段階に至ると、高等教育の機会は、国民の「権利」と言うよりもむしろ「義務」として意識されるようになるという。高等教育がエリートからマスの段階に移行すると、伝統的なエリート高等教育の在り方そのものが脅かされることになるとして、トロウは同書の中で、高等教育の評価という観点に着目して次のように指摘している。

「高等教育の効果の測定は日ましに盛んになっているが、その測定の前提をなす仮説は、エリート高等教育にとって著しく不利に働く。たとえばある人間に一定期間ある形態の高等教育を与えた場合、その教育効果は他の社会的諸力が生活のなかで与えるそれと、はっきり区別することができ、その効果は教育期間が終ると直ちにあらわれ、しかもその効果は短期的に測定可能である、などがその仮説の中心をなすものである。〔…〕そして高等教育の効率や効果は、このようにして規定された短期の、測定可能な結果をもとに比較され、評価されることになる。

しかしエリート高等教育は、特定の目的達成のための組織ではない。少なくともそのためだけの組織ではない。〔…〕エリート高等教育が個人や社会に与える効果は、それ以外の生活経験がもたらす効果と分かちがたく結びついている。その効果があらわれるとすれば、それは長い目でみた個人の人生と社会の歴史のなかにおいてのみである。したがって、短期的な費用＝収益比率で評価されれば、エリート高等教育の評点はひどく低いものにならざるをえない。エリート高等教育は自らの正当性を説得的に主張しえず、合理化と改革が必要だとみなされる。」（一四九—一五〇頁）

トロウのこの指摘を基に、マスとエリートの二つの高等教育の型を表にして比較してみると、その違いがもっとよく分かるであろう（**表2参照**）。

つまり、この表から明らかなように、マス高等教育の発展段階においては、大学は、「大学」という名を冠してはいても、いわゆる専門学校に限りなく近い性質を帯びるようになるということである。

表2　マス高等教育とエリート高等教育との比較

比較の観点	マス高等教育	エリート高等教育
(1)（組織の性格） 高等教育機関は特定の目的達成のための組織	である。	ではない。
(2)（社会的諸力のもたらす効果との関係） 高等教育の効果は生活経験のもたらす効果と	区別できる。	分かち難く結びついている。
(3)（教育効果発現の時期） 高等教育の効果は	教育期間が終ると直ちに現われる。	個人の長い人生と社会の歴史の中においてのみ現われる。
(4)（短期的評価の可能性） 高等教育の評価は	短期の、測定可能な結果を基になされる。	短期的な結果を基には下せない。

マス高等教育に見られるこれらの特徴は、ユニバーサル段階に至れば、必然的になお一層強化されることになるであろう。

マス高等教育のこれらの特徴がさらに強化された、ユニバーサル段階の近年の大学においては、次に引用する広田照幸（二〇一三）が指摘しているように、評価を通していわゆる効率性や効果を最大化するように目標や戦略を立てるのが一般的な慣わしになっている。

「個々の機関は、戦略的な目標を立て、効率性や効果を追求し、評価を通して個々の現場をコントロールしようとするのが、近年の改革の手法である。大学のガバナンスのあり方を変える重要な物差しとなっているのが、効率性（efficiency）と効果（effectiveness）である。効率性とは、ある財政支出に対して最大のアウトカムが得られること、効果とは、あらかじめ立てられたある目標に対してどれだけ達成されたか、というものである(Rizvi & Lingard 2010)。評価はこの二つを高めるための具体的な装置といってよいであろう。」(広田二〇一三、一三頁)

要するに、大学も含め個々の機関は、短期的な目標を設定し、それらの目標の達成度を「評価」することによって、目標達成のためのより効率的で効果的な手段を開発しようとしているのである。

問題点

短期的な目標の設定、目標達成のための行動(教育活動)、達成度の評価、目標達成のためのより効率的で効果的な行動方針の策定、という「ＰＤＣＡサイクル」を確立し、このサイクルを回していくことによって、できるだけ合理的に目標を達成しようとするのが、近年の大学における教育「改革」の基本的手法となっているように見受けられる。

しかしこの手法には大きな問題点が少なくとも二つある。短期的に達成可能な目標を設定しようとしていること、そして教育内容を数量的に測定可能なものに限定しようとしていること、この二点である。

第一の問題点から検討してみよう。教育の成果は長期的視野に立って評価する必要があるという点において、良識ある教育関係者の意見は一致している。代表的な意見をいくつか引用してみることにしよう。

・「そもそも「教育の時間」は、短期的で効率重視の「ビジネスの時間」とちがって無駄を含む長期的な時間意識によって成り立つ。今の大学改革を含む教育改革の問題は、短期的効率にもとづくビジネスの時間意識と論理によって教育現場をねじ伏せるようにおこなわれている。」(竹内洋 二〇一六、三二頁)

・「教育研究は長期的視点が必要な活動であるから、研究組織や教育の内容や成果の評価を短期的な要求や都合で変えないことが重要だ。」(猪木武徳 二〇〇九、四頁)

・「長い時間的視野のもとに教育成果を見るという構えをしっかり持っておくことは、とりわけ大事なことだと感じるわけであります。」(寺﨑昌男 二〇一〇、五〇頁)

・「最後は「短期的な教育評価」についてです。これはやはり慎みたいと思います。国は一番慎んでほしいと思います。

例えば今後「教育成果」が問われるようになるでしょう。その場合、単位は一年、あるいは半年です。半年間で、何ができるようになるように、どういうことをしたか、このような話です。[…]

やはり一〇年かかって出てくるもの、意識されるものが、「成果」というものでしょう。[…]そういう長い目で今後FDやSDのことを考えていく必要があるのではないかと思います。」(寺崎昌男二〇一〇、一〇八―一一〇頁)

・【湯浅 誠】教育は、短期的な費用対効果が求めることができない、という話がありました。教育は長期的な視点で捉える必要性をもっとも訴えやすい分野の一つだと思います。」(小玉重夫編二〇一六、四一頁)

・「質保証を具体的に議論するときには視点を複数持たなくてはいけない。[…]さらに、複数ある物差しのひとつに時間軸も加えておきたい。短期的なプロジェクトを見る目と、教育の質の向上を測る着眼点とは同じであろうはずがない。」(岡本和夫　二〇一一、一八頁)

これらの意見に共通しているのは、教育の成果というものは、一般に短期的に評価すべきものではなく、例えば大学卒業後一〇年の社会人へのインタビュー調査も含めて、長期的視点から評価する必要があるということである。教育の成果を長期的視点から評価するという前提に立って初めて、大学にふさわしい教育目標を設定し、充実した教育内容を教育課程に盛り込むことができるのである。したがって、「学士力」等の教育目標を設定する場合、短期的に達成可能な目標のみを設けるようなことは当然避けなければならないであろう[1]。

　近年の大学教育「改革」の第二の問題点、すなわち、教育内容を数量的に測定可能なものに限定しようとしている点について考えてみよう。右記の表2からも明らかなように、近年の教育「改革」は、短期的に達成可能な教育目標を設定するところにその大きな特徴があるわけであるから、その目標を達成するための手段である教育内容も、必然的に、短期間でその効果が測定できるようなものに限定されてしまうことになる（例えば四年卒業時までにＴＯＥＩＣの試験で七三〇点以上の成績を上げさせることを大学英語教育の目標として掲げ、その目標達成のためにＴＯＥＩＣの過去問を解かせる訓練を集中的に行う、など）。しかし、大学教育の内容をこのように狭く限定してしまうと、「創造的市民の育成」という大学教育が本来目指すべき最終目標を達成するために必要となる、より本質的な教育内容が教育課程の枠外に、結果として締め出されてしまうことになるのである。この点を理解するために、佐々木毅（編）（二〇一二、七四頁）に掲載されている「一滴　教育成果測定と視野狭窄」という論考、この論考についてはすでに第Ⅱ章第9節で紹介したわけであるが、ここに改めてその要点を再録しておくことにする[2]。

・「教育成果や学習成果を「測定」すべきである、と最近はよく耳にする。」
・「問題は大学教育で、学習内容を測定可能な狭い領域に限定して見てしまう傾向が強くなることだ。」
・「測定可能で、数値が上昇することだけが学習成果ではない。」

・「声高に測定を唱道する傾向には、例えば、「視野の広さ」を角度で、「思慮深さ」を距離で深度測定できると信じているのかと詰問したくなる。」

・「こうした思考の偏りは、行き過ぎると「測定できることを教える」傾向を生み出す。換言すれば「測定しにくいことは教えない」ことを助長しはしないか。」

・「大切なことのなかには、測定や調査、観察ができないこともたくさんある。自己の狭さへの気づき、世界の広がり、人類の歴史、宇宙の広大さなどへの感動や関心などをどうやって測定できるというのか。学ぶ楽しさ、知ることの喜びなどは、学習成果として調査や測定が可能だと本気で信じているのか。視野の狭さや測定論への過剰な信奉に戸惑いを禁じえない。」

この引用において指摘されているように、大学教育における学修成果としての知識や能力は、必ずしも数量的に測定可能なものとは限らず、むしろその性質上測定困難なものほど学修成果の中核部分を構成すると考えられるのである。

日本学術会議 日本の展望委員会 知の創造分科会（二〇一〇）も次のように指摘している。

・「大学の中心的な教育課題とされている自由な精神や、批判的思考力、創造性などは、一律の画一的・定型的な評価【教育のアウトカム評価・パーフォーマンス評価】になじまない。」

・「そうした統制【教育のパーフォーマンス／アウトカム統制】は、一方で、さまざまの膨大な作業を必要とし、本来は教育に投入されるべき大学関係者（教育関係者）の時間の劣化を招き、他方で、カリキュラム編成や教育指導面でも学生の学習面でも、偏りや矮小化を招く危険性が大きい。」

この引用中の「偏りや矮小化」とは、「大学の中心的な教育課題とされている自由な精神や、批判的思考力、創造性など」を育成するための教育内容を排除し、数量的に測定可能なものだけを教育課程に盛り込むということを指していると解される[3]。

では、第Ⅱ章第10節で提示した「共通「学士力」試案」に挙げられている能力や資質は数量的に測定可能と言えるであろうか。この点を検証するために、同試案をここに再録しておくこととする。

共通「学士力」試案

・人間性（humanity）

①《誠実さ》仕事においても人間関係においても、誠実な人間になろうと努力することができる。

②《優しさ》相手の立場を思いやる優しさや、生命を尊び自然を慈しむ心を保持し続けることができる。

③《感性》芸術やスポーツ等の優れた文化的営みに素直に感動することができる。

④《規律性》規律ある生活態度を維持していくことができる。

・**社会性（sociality）**

①《社会的な責任感》勤労を重視する態度と高い倫理観を身に付けた教養ある市民として、自己の社会的責任を果たしていくことができる。

②《社会貢献の意志》文化的背景や育った環境などを異にする他者と協働し、社会の発展に積極的に寄与していくことができる。

・**知力（intelligence）**

①《思考力》

・〈自律的な思考と確かな判断力〉常に自分の頭で考え的確な判断を下すことができる。

・〈科学的探究心〉ものごとの自明性を疑い、より多くのことがらを矛盾なく統一的に説明するにはどうすればよいかと考えることができる。

・〈直観力〉ものごとの本質を直観的に捉えることができる。

・〈相対化の力〉ものごとを相対化して考えることができる。

・〈しなやかな知性〉人の意見に真摯に耳を傾け、その必要がある場合には自らの意見や考えを柔軟に修正することができる。

②《汎用的技能》

・〈日本語運用能力〉高度な日本語の運用能力を身に付け、これによって他者の意見や主張を正しく理解し、自分の意思を相手に的確に伝えることができる。
・〈英語運用能力〉国際共通語としての英語の基礎的な運用能力を身に付け、これによって世界の人々と英語で意思疎通を図ることができる。
・〈情報活用能力〉情報リテラシーの基礎を身に付け、これを基に情報を収集・分析することや、新たに情報を表現・発信することができる。

・健康 (healthiness)

① 《心身の健康》健やかな身体と豊かな心を自ら育んでいくよう努力することができる。
② 《自己管理力》健康の維持に努め、自己の生活を適切に管理することによって、明るい社会生活を送っていくことができる。

・向上心 (aspiration)

① 《無知の知》自分はまだ不完全な人間であり、学ばなければならないことがたくさんあると、自覚することができる。
② 《知的向上心》学ぶ楽しさや知る喜び、あるいは知的な感動などを体得し、この経験を基に自分をさらに高めようと努力していくことができる。
③ 《求道心》正義と真理を探求する熱意や態度を持ち続けることができる。

一般にモノには量的（quantitative）な面と質的（qualitative）な側面が備わっているが、同じことはヒトにも当てはまる。例えば、ある人の身長・体重・腹囲測定値・座高・視力・肌年齢などはいずれも量的に測定可能なものであるので、それらはその人の量的な特徴と言える。これに対して、少なくとも人間性や社会性、あるいは向上心などは、人間の質的な特徴に相当するものであり、量的に測定することは不可能であろう。「思考力」の構成要素として列挙されている諸能力も、数量化することは難しいであろう。

確かに、「汎用的技能」の下に挙げられている日本語や英語の運用能力、あるいは情報活用能力の一部については、それらの熟達度（proficiency）を数量化することは可能かもしれないし、身体的な意味での健康状態も、例えば血液検査で尿酸値や血糖値、あるいは中性脂肪の値を調べることによって医学的に明らかにすることはできるであろう。

しかし、右記の「共通「学士力」試案」に列記されている能力や資質の大半は、数量化が困難なものである。にもかかわらず、まさにこれらの能力や資質を身につけることによって初めて、将来創造的で自立的な市民に成長していくための基礎、あるいはそのための道筋が出来上がったと言えるのである。したがって、これらの能力や資質を獲得させるための、質の高い教育内容を教育課程の中に、しかもその中軸の部分に、しっかりと盛り込んでおく必要があるわけである[4]。

以上の理由により、教育内容を数量的に測定可能なものに限定しようとすることは、厳に慎まなければならないのである。

2　正しい教育評価の在り方を考える

評価の目的

前節の議論から明らかなように、大学における教育の成果は、短期的に評価できるものもその中に含まれているかもしれないが、たとえあったとしてもそれはあくまでも例外で、少なくとも中核的な教育内容に関しては、卒業後も視野に入れて長期的視点から評価する必要がある。大学教育の最終目標が「創造的市民の育成」にあること、そしてこの目標は、必ずしも大学卒業時に達成できるとは限らず、むしろ卒業後も学生本人が継続して努力していくことによって初めてある程度達成できる可能性があるという、長期的展望を前提としたものであることを考慮に入れると、「創造的市民の育成」という目標は、大学卒業の時点では通例まだ達成できておらず、その成否は卒業後の学生本人の継続的努力の有無に大きく依存するものであると言わなければならない[5]。そう考えると、将来創造的で自立的な市民に成長していくための基礎、あるいはそのための道筋を提供するところまでが、大学教育に課されるべき役割あるいは責任であると言えそうである[6]。

この前提に立てば、大学教育の評価は、学生個々人が将来創造的で自立的な市民に成長していくことを手助けする役を果たすものでなければならないということになる。日本学術会議 大学教育の分野別質保証推進委員会 言語・文学分野の参照基準検討分科会（二〇一二）が次の引用において指摘しているように、学生の成長を手助けするための評価は、学修の過程における中間評価と、卒業時における最終評価とに分けて考えることができる7。

「それぞれの教育課程は、自らの教育目標との関連で、評価方法の大綱を提示し、学修プロセスにおける評価と最終的評価の関係を明らかにして、評価が学生の学修を助けると同時に、最終的には、学生が卒業時に達成した成果の程度を明示できるようにすることが望まれる。」

大事なことは、中間評価も最終評価もあくまでも学生の成長を助けるためのものであり、「卒業時に達成した成果の程度」がいかなる中間評価におけるそれよりも高くなっていることが理想であり、その最終評価が学生の卒業後の自助努力の大きな手助けとなることが求められる、ということである。

教育目標と達成度評価の関係

第Ⅱ章第10節で、教育目標はどう設定すべきか、そして教育活動はどう展開しどう評価すべきか、という問題について考えた際に、注11において広田照幸（二〇一五）から関連の箇所をかなり長く引用したが、その中で最も重要と思われる箇所を次に再録しておくこととする。

・「現代ドイツの教育学者、ヴォルフガング・ブレツィンカが「教育目標の二重性」について議論しています（『教育科学の基礎概念』黎明書房、一九八〇年）。「二重性」の一つは、教育を受ける者はこうあるべきだという理想としての教育目標です。もう一つは、教育者が実際に教育するために課題とされる教育目標です。」（三三二頁）

・「すべての教育者ができるのは、目標【教育を受ける者はこうあるべきだという理想としての教育目標】に沿った教育方法や内容を教育者が考え抜いて準備し、実施してみることまでです。結果はわからない。」（三三三頁）

右の引用において広田が指摘しているように、まず教育目標としては「教育を受ける者はこうあるべきだという理想としての目標」を設定すべきである。そして教育者（教員）は、この理想としての教育目標を実現すべく最善を尽くすことが求められるのである。すなわち、目標の達成に向け、教員集団の力量の及ぶ範囲内において最大限高度で豊かな教育内容と教育方法を教育課程の中に盛り込み、あとはその教育を実施に移していけばよいのである。

ただし広田が最後に指摘しているように、残念ながら教育の「結果はわからない」のである。吉田文（二〇一三、三七頁）はこの点に関して次のように述べている。

「教育という営為を、教授と学習という二つのプロセスに分けて考えると、大学は提供する教育内容と教育方法については、その質を保証することは可能であり、それは大学の果たすべき役割でもある。しかし、大学が提供する教育が、そのまま学生の学習成果に結びつくとは限らない。教授の質の保証はできても、学習成果の質の保証は必ずしもできるわけではない。そのことを踏まえた、学習成果の評価が必要であろう。」

すなわち、教員集団は、理想としての教育目標を掲げ、その実現に向けて最善を尽くすわけであるが、教員が最善を尽くしさえすれば目標が達成できるという単純な話ではもちろんない。結果として収められることになる学修成果は個々の学生によってその中身が異なるので、理想としての教育目標に照らして、学生個々人がどの程度その目標に接近することができたのかを明らかにすることができさえすれば、それでよしとしなければならないのである。前にも述べたように、大学は、個々の卒業生が将来創造的で自立的な市民に成長していくための基礎、あるいはそのための道筋を提供できさえすればよいわけである。このことを学生側の立場から言い換えれば、学生は、将来豊かな社会生活を送っていく上でその基礎となり得るような学修成果を収めることができさえすればよいということになる。つまり、卒業時における最終評価に関して言えば、理想としての教育目標に結果としてどの程度接近できたかという視点から学修成果の評価を行う必要があるということである。

評価の視点

理想としての教育目標に結果としてどの程度接近できたかという視点から学修成果の評価を行うとは言っても、もちろんそう簡単な話ではない。理想としての教育目標の一例として、本章第1節で「共通『学士力』試案」を提示したが、そこに列挙されている能力や資質は、そのほとんどが数量化することが困難なものだからである。つまり、「量的」評価ではなく、「質的」評価が求められるからである。質的評価を通して、理想としての教育目標にどの程度接近できたかを「測定」しなければならないのである。

われわれはこれまで、学生の学修達成度を評価する際、あたかも「教育目標は数量化できる」かのように、それを前提として、定期試験等の得点を基に達成度を評価してきたが、到達目標そのものが数量化になじまないわけであるから、達成度を量的に測定することは原理的にも困難なのである。発想の転換が求められる所以である。

それでは、どのような視点から評価すれば正しい質的評価が得られるのであろうか。ここでは、先に挙げた「共通『学士力』試案」を基に、学修達成度を質的に「測定」するための評価の視点について考えてみたい。筆者の試案は次に示した通りである。

質的評価のための視点（試案）

・人間性

①《誠実さ・優しさ》人間としての誠実さや優しさが十分にあると言えるか。
②《感性》芸術やスポーツ等の優れた文化的営みに素直に感動することができるか。
③《規律性》規律ある生活態度を維持することができているか。

・社会性

①《社会的な責任感・社会貢献の意志》社会的な責任感や社会貢献の意志が十分にあると言えるか。

・知力／向上心

①《自律的な思考》どれだけ自分の頭で考えることができているか。
②《確かな判断力》直面する諸問題の重要度の違いや優先順位等に関して的確な判断を下すことができているか。
③《科学的探究心》科学的な思考力や態度がどの程度身についているか。

④《直観力》ものごとの本質を直観的に見抜く力がどの程度身についているか。
⑤《相対化の力》全体の中での自分の位置や自分のやっていることの意味を正しく把握することができているか。
⑥《しなやかな知性》人の意見に真摯に耳を傾け、その必要がある場合には自らの意見や考えを柔軟に修正するというしなやかな知性がどの程度身についているか。
⑦《向上心》知的向上心あるいは向学心がどの程度身についているか。
⑧《日本語運用能力》他者の意見や主張を正しく理解し、自分の意思を相手に的確に伝える能力としての、日本語運用能力がどの程度身についているか。
⑨《英語運用能力》国際共通語としての英語の基礎的な運用能力がどの程度身についているか。
⑩《情報活用能力》情報を収集・分析したり、新たに情報を表現・発信したりする能力がどの程度身についているか。

・健康

①《心身の健康》心身ともに健康な状態にあるか。

達成度評価の手段として、これまで伝統的に試験やレポートを学生に課してきたわけであるが、特に試験の内容に関しては、右記の質的評価の視点を念頭に置き、獲得目標としての「学士力」に個々の学生がどの程度接近できたかが正しく評価できるように、ある意味で抜本的な工夫改善を施す必要があるであろう。

また第I章において、学生の創造性や創作力を育むためには学問的な自問自答の訓練が重要である旨を指摘したが、学生の知力や向上心を成長させる上で大きな効力を持つと思われるのが、卒業論文である。これが最も重要な自問自答の訓練になるからである。すなわち、自分で研究のテーマを見つけ、関連の文献を収集・分析し、未解決の興味深い問題点を明らかにし、解決策を提示するという、問題解決へ向けての一連の作業あるいは経験そのものが、学生の知力や向上心を大きく育てることを可能にしてくれるのである。この意味において、卒業論文を四年間の学修の総決算として位置づけ、必修化することが望ましいであろう。

結論

最後に本章の議論の要点を次に箇条書きにまとめておくこととする。

① (大学)教育の成果は長期的視野に立って評価する必要がある。

② 教育の成果を長期的視点から評価するという前提に立って初めて、大学にふさわしい教育目標を設定し、充実した教育内容を教育課程に盛り込むことができる。

③　大学教育における学修成果としての知識や能力は、必ずしも数量的に測定可能なものとは限らず、むしろその性質上測定困難なものほど学修成果の中核部分を構成すると考えられる。

④　「共通「学士力」試案」に列記されている能力や資質の大半は、数量化が困難なものである。にもかかわらず、まさにこれらの能力や資質を身につけることによって初めて、将来創造的で自立的な市民に成長していくための基礎、あるいはそのための道筋が出来上がったと言えるのである。したがって、これらの能力や資質を獲得させるための、質の高い教育内容を教育課程の中に、しかもその中軸の部分に、しっかりと盛り込んでおく必要がある。

⑤　「創造的市民の育成」という大学教育の目標は、大学卒業の時点では通例まだ達成できておらず、その成否は卒業後の学生本人の継続的努力の有無に大きく依存する。それ故、将来創造的で自立的な市民に成長していくための基礎、あるいはそのための道筋を提供するところまでが、大学教育に課されるべき役割あるいは責任であると言ってよい。

⑥　大学教育の評価は、学生個々人が将来創造的で自立的な市民に成長していくことを手助けする役を果たすものでなければならない。

⑦　中間評価も最終評価もあくまでも学生の成長を助けるためのものであり、「卒業時に達成した成果の程度」がいかなる中間評価におけるそれよりも高くなっていることが理想であり、その最終評価が学生の卒業後の自助努力の大きな手助けとなることが求められる。

⑧　教育目標としては「教育を受ける者はこうあるべきだという理想としての目標」を設定すべきである。そして教育者（教員）は、この理想としての教育目標を実現すべく最善を尽くすことが求められる。すなわち、目標の達成に向け、教員集団の力量の及ぶ範囲内において最大限高度で豊かな教育内容と教育方法を教育課程の中に盛り込み、あとはその教育を実施に移していけばよいのである。

⑨　卒業時における最終評価に関して言えば、理想としての教育目標に結果としてどの程度接近できたかという視点から学修成果の評価を行う必要がある。

⑩　量的評価ではなく質的評価を通して、理想としての教育目標にどの程度接近できたかを「測定」しなければならない。

⑪　質的評価のための視点は右記の試案に示した通りである。

注

1　「短期的評価」ということに関連して、藤本夕衣（二〇一二、Ⅳ頁）は次のような憂慮すべき事実を指摘している。「「役に立つ／役に立たない」という判断は、多くの場合、数年という短期の成果に基づいて行われる。そのため、短い期間に目にみえるかたちで「役に立つ」ことを表せないような研究分野や教育は、だんだん切り捨てられるようになってきた。」事実、この指摘にある通り、第Ⅰ章第1節で論じたように、平成二七年六月八日、文部科学大臣から各国立大学法人に対して「国立大学法人等の組織及び業務全般の見直しについて」という通知が出され、人文社会科学系の「組織の廃止や社会的要請の高い分野への転換」が求められるに至ったのである。

2 第Ⅱ章の注9で紹介したように、渡部信一（二〇一三、八一頁）も、学修内容を数量的に測定可能な知識や技能に限定しようとする近年の考え方が、大学教育の本来的な目標の達成を遠のかせてしまう結果をもたらすものであることを指摘している。

同様に佐藤 学（二〇一六、一六六頁）も、教育という営みを数値目標によって査定することの危険性に警鐘を鳴らし、次のように指摘している。

「教育のように多様な価値を担い、一元的な数値では表現されない複雑で高度ないとなみを数値目標によって査定することは、教育の生命とも言える創造性と信頼関係を崩してしまう危険が伴う。たとえば教師の優秀さを数値で測定しうるだろうか。」

3 絹川正吉（二〇〇六、二四七頁）も、「本質的教育評価は、計測可能（観察可能）なものの中にはない。むしろ、隠されていることのなかに評価すべき内容がある。隠されているものに対する臭覚が重要になる。」と、注意を促している。

4 佐々木 毅（編）（二〇一六）『ＩＤＥ現代の高等教育』No.577に、「新年座談会二〇二〇年への展望」と題する座談会が載っており、その中で、文科省高等教育局長の常盤 豊氏と筑波大学特命教授の金子元久氏が共に、大学教育における教育目標の達成度評価の難しさを指摘しているので、次に引用しておくこととする。

「【常盤】やっぱり達成度の評価はすごく難しい。もう随分議論したんですけど、本当に悩んでいるんです。小学校2年生の九九ぐらいだったらできるかもしれないけど、上がれば上がるほど絶対的な達成目標は非常に難しい。」

【金子】大学の最大の問題は非常に専門化していて、教科とは違う。私は端的に言って達成度そのものを評価するのはほとんど無理だと思います。」(いずれも二二頁)

本章第2節で論じるように、そもそも「学士力」等の大学教育の獲得目標は、その大半が数量化の困難な能力や資質から構成されているわけであるから、その目標への接近の度合いを数量的に測定しようとすると、必然的に困難に突き当たってしまうのである。量的評価ではなく、質的評価が必要とされる所以である。

5　多少唐突に思われるかもしれないが、ここで「博士号」の意味について考えてみることにしよう。博士号の中でも特に「文学博士」(今時の「博士(文学)」ではない！)の学位は、少なくとも六〇年代の頃までは、功成り名を遂げた碩学に与えられる「勲章」のようなものであった。この意味で「文学博士」の学位はきわめて稀少価値の高いものだったわけであるが、現今の博士号は、その性格や位置づけがすっかり変わってしまい、「博士(文学)」を含め博士号を取得することは、今後研究者として自立的に活動していくためのスタートラインに立つことを意味するに過ぎなくなってしまったのである。つまり、博士号の取得は研究者になるための必要条件の一つに過ぎないということである。その後研究者として生産的な活動を継続していく(つまり研究者として成功する)ことができるかどうかは、ひとえに本人の研究に対する熱意や向上心、あるいはひたむきな努力と忍耐力の有無にかかっているのである。学生の時には結構出来の良い博士論文を書いたのに、その後すっかり鳴りをひそめてしまったという事例は、どの分野にも枚挙に暇がないくらいあるであろう。このことから明らかなように、「自立的研究者の育成」という博士課程教育の目標も、課程修了時に達成できるわけではなく、修了後も視野に入れ長期的視点からその達成度を評価しなければならないのである。「創造的市民の育成」という学士課程教育の目標も、長期的評価を要するという点では、博士課程教育のそれと似ていると言ってよいであろう。

6　吉見俊哉(二〇一六)も、大学教育が社会との関係においてどのように位置づけられるべきものであるのか、あるいは大学での学びが個々の学生のその後の人生にとってどのような意義を持ち得るのか、という点を明らかにする必要があると論じている。すなわち、

・「真に生き残りを図るのであれば、急場しのぎの延命策を繰り返すのではなく、大学教育の再定義が必要です。それには、大学をそのなかだけで閉じられたものとして正当化するのではなく、その存在を広く長く社会のなかに置き直して、それが持ち得る位置を新たに考える必要があります。」（一七一頁）
・「大学は社会と関係をいかに結び直し、その社会のなかでいかなる価値を持つのかを示さなくてはなりません。」（一七二頁）
・「大学での「学びの価値」についての諸々の正論【例えば、「大学は本来、事象を深く考え、批判し、課題の発見や解決に向かう力を育む場所である」といった類いの主張】は、そのような「価値」を、それぞれの学生の今後の人生のビジョンのなかに説得的に位置づけられなければ無力です。ここでもまた、大学での学びが「いったい何の役に立つのか」を、人類や社会に対して以上に、それぞれの学生の人生において示していかねばならないのです。」（一八八頁）

7　中間評価と最終評価の両方の必要性は、中央教育審議会答申（二〇〇八）においても指摘されていた。すなわち、「卒業認定における評価の厳格化も大きな課題となっている。入学してからの教育指導の過程における成績評価についても、考えなければならない。」

あとがき

本書の執筆を決意するに至った経緯等を簡単に記しておくことにする。著者は二〇一一年三月に、定年まであと一年という時点で、二二年半勤めた筑波大学を辞し、その年の四月から目白大学に職を移したが、同時に、当時筑波大学長を務めておられた故山田信博先生から「筑波大学特命教授」という役職を拝命し、二〇一一年四月から二年間その任にあった。その間、著者は二つの仕事を割り当てられた。一つは、当時の筑波大学外国語センターにおける教養外国語教育に関する指導・助言を行うこと、もう一つは、本書のタイトルにもなっている、大学教育の在り方に関する本を執筆することであった。前者の仕事を仰せつかったのは、著者が、二〇〇八年一〇月から二〇一一年三月まで、筑波大学教養教育機構内に設置された「外国語教育専門委員会」の委員長を務め、この委員会が中心となって、一九七三年に筑波大学が開学して以来初めて、教養外国語教育の大改革を行い、二〇一一年度から新カリキュラムが施行されることになったためである。

この教養外国語教育の改革に先立ち、著者は、二〇〇五年四月から三年間、筑波大学総合科目編成委員会の委員長を務め、この委員会が中心となって、開学以来同大学の教養教育の中核に位置する科目と見なされてきた「総合科目」の大幅見直しを行い、二〇〇七年度から新カリキュラムが導入されたという経緯がある。恐らくはこのようないきさつがあったために、特命教授としての第二の仕事、つまり大学教育に関する本の執筆を命じられることになったのであろうと理解している。特命教授の任期中になんとか原稿を完成させようと努力したが、やはり二年という短い期間では原稿を書き始めるところまで持っていくことも叶わず、書き終えてみたら五年の歳月が経っていた。我ながら情けなくもあり、また同時に、不謹慎ながら少しホッとした気分にもなっている。

いずれにしても、特命教授の任期中に、どちらの仕事に関しても中途半端なことしかできなかったわけで、任命権者の前筑波大学長 故山田信博先生、及び現学長の永田恭介先生、また大変お世話になった、当時の筑波大学副学長 清水一彦先生（現在は山梨県立大学理事長・学長）と筑波大学教育推進部（当時）の関 瑞穂さんに、何とお詫びを申し上げればよいであろうかと途方に暮れているところである。

本書の第Ⅱ章第10節において提示した「共通「学士力」試案」は、同章の注10に記したように、元々は「目白大学における学士力」として取りまとめられたものである。この「試案」を本書に掲載することを快くご承諾くださった、目白大学長の佐藤郡衛先生にもお礼を申し上げたい。

実はごく最近まで、考察の対象を学士課程教育に絞るつもりでいた。ところが二〇一五年一〇月に明海大学副学長の畏友 大津由紀雄氏から、「大学院教育についてFD講演会を開く予定でいるので講演をお願いしたい。」という依頼があり、同年一二月一七日に「大学院教育の在り方を問う」という演題で講演を行わせていただいた。このことがきっかけとなり、また大津氏の勧めもあって、「大学院教育の在り方を考える」という標題の第Ⅲ章を加えることができた。同氏の変らぬ友情にも感謝したい。

東信堂社長・下田勝司氏との会話からも貴重な示唆を得ることができた。氏が指摘するように、私立大学はそれぞれ独自の建学の精神を掲げて設立され、特色ある教育によって有為の人材を世に送り出してきたわけであるから、その歴史と伝統を今後も継承していくべきであり、決して「準国立」を目指すようなことはしてはならないであろう。本来的には、国立大学とは違う理念・特色を有する私立大学は今後どのような社会的役割を担っていくべきか、あるいはグローバル化と少子高齢化がますます進行するこれからの時代において大学はどのような責任を果たしていくべきか、などの今日の大学が抱える問題群全体を視野に入れ、その中に大学教育の問題を適切に位置づけて議論する必要があるだろう。また、多くの学問分野は、それぞれの歴史的な発展の必然的結果として、高度化と専門分化の傾向を強めると同時に、数多くの学際的・異分野融合的な特徴をそれぞれ内包するに至っており、大学教育もこのような学問的傾向に大きく規定されざるを得ない状況になってきている。別言すれば、学問全体を俯瞰する必要性がますます高まっているということである。しかるに高校までの教育はどうなっているかと言うと、学習指導要領や五教科七科目を柱とする大学入試センター試験にその特徴が端的に示されているように、教科毎に独立したタテ割りの教育が相も変わらず行われているのである。これでは大学教育への接続がスムーズになされるはずもないであろう。高校までのタテ割り型の教育体制を根本的に変えていかない限り、たとえ俯瞰的な大学教育が構築できたとしても、その教育は最初の段階で大きく躓いてしまう可能性が高い。しかしこれらの問題は本書が扱う守備範囲を大きく超えるものであり、今後の検討課題としなければならない。

ともあれ、本書の刊行を快諾してくださった東信堂社長の下田氏と同社の向井智央氏に、衷心よりお礼を申し上げたい。

本書は、目白大学学術書出版助成金の交付によって刊行されたものである。

今さら申し上げるまでもないことであるが、本書に含まれてしまっているかもしれない誤字・脱字の類、内容上の誤りや不適切な箇所、あるいは考察の不十分な点等の責任は、すべて著者である私に帰されるべきものである。読者諸賢のご叱正を衷心より希う次第である。

最後に、原稿を執筆していた二〇一五年後半の時期に著者自身が体調を崩し、三度くらい入院を余儀なくされた折に、献身的に看病してくれた妻 永子と家族にも感謝したい。いつも元気をくれる孫の蒼生にも。

二〇一六年七月

山田　宣夫

引用文献一覧

秋田喜代美（二〇一六）「子どもの学びと育ち」、小玉重夫（編）（二〇一六）『岩波講座　教育　変革への展望1　教育の再定義』、九七―一二六頁、岩波書店。

秋山弘子（二〇一二）「横断的組織をまとめるコーディネイト力」、東大EMP・横山禎徳（編）（二〇一二）『東大エグゼクティブ・マネジメント 課題設定の思考力』、三七―七一頁、東京大学出版会。

安達千李・新井翔太・大久保杏奈・竹内彩帆・萩原広道・柳田真弘（編）（二〇一三）『ゆとり京大生の大学論 教員のホンネ、学生のギモン』、ナカニシヤ出版。

阿部謹也（一九九七）『教養とは何か』、講談社。

阿部謹也・日高敏隆（二〇一四）『新・学問のすすめ 人と人間の学びかた』、青土社。

天野郁夫（二〇〇四）『大学改革 秩序の崩壊と再編』、東京大学出版会。

天野郁夫（二〇〇五）「日本の大学院問題」、『IDE現代の高等教育』No.466、五―一三頁、民主教育協会。

天野郁夫（二〇一一）「専門教育を問う」、杉谷祐美子（編）（二〇一一）『リーディングス 日本の高等教育――2　大学の学び 教育内容と方法』、八七―九三頁、玉川大学出版部。

天野郁夫（二〇一一）「大学院答申を読む」、森 亘（編）（二〇一一）『IDE現代の高等教育』No.532, 八―一四頁、IDE大学協会。

天野郁夫（二〇一三）『大学改革を問い直す』、慶応義塾大学出版会。

安西祐一郎（二〇一一）「大学院の危機」、森亘（編）（二〇一一）『ＩＤＥ現代の高等教育』No.532，四―八頁、ＩＤＥ大学協会。

家永三郎（二〇〇三）『一歴史学者の歩み』、岩波書店。

池内了（編）（二〇〇〇）『科学と科学者のはなし寺田寅彦エッセイ集』、岩波書店。

池内了（二〇一二）『科学と人間の不協和音』、角川書店。

池内了・島薗進（二〇一五）『物理学者 池内了×宗教学者 島薗進　科学・技術の危機再生のための対話』、合同出版。

石弘光（二〇一五）「逆風下の文系学部とその役割」、佐々木毅（編）（二〇一五）『ＩＤＥ現代の高等教育』No.575，一〇―一五頁、ＩＤＥ大学協会。

猪木武徳（二〇〇九）『大学の反省』、ＮＴＴ出版。

猪木武徳（二〇一五）「大学と産業の距離について」、佐々木毅（編）（二〇一五）『ＩＤＥ現代の高等教育』No.575，一六―二一頁、ＩＤＥ大学協会。

猪木武徳（二〇一六）「実学・虚学・権威主義 学問はどう「役に立つ」のか」、『中央公論』2月号、八二―八九頁、中央公論新社。

今井むつみ（二〇一六）『学びとは何か――〈探究人〉になるために』、岩波書店。

岩田健太郎（二〇一二）『主体性は教えられるか』、筑摩書房。

上田紀行（二〇〇五）『生きる意味』、岩波書店。

宇沢弘文（一九九八）『日本の教育を考える』、岩波書店。

潮木守一（二〇一一）「再検討すべき人文・社会科学系大学院」、森亘（編）（二〇一一）『ＩＤＥ現代の高等教育』

No.532, 四四―五一頁、ＩＤＥ大学協会。

内田樹（二〇〇八）『街場の教育論』、ミシマ社。

内田樹（二〇一一）『最終講義――生き延びるための六講』、技術評論社。

内田樹（二〇一二）『街場の読書論』、太田出版。

梅棹忠夫（一九六九）『知的生産の技術』、岩波書店。

大内兵衛・茅誠司（一九六〇）『私の読書法』、岩波書店。

太田朗（一九七七）『英語学と英語教育をめぐって』、ＥＬＥＣ出版部（財団法人 英語教育協議会）。

大塚高信・中島文雄（監修）（一九八二）『新英語学辞典』、研究社。

大塚雄作・山田剛史（二〇一二）「大学教育評価」、京都大学高等教育研究開発推進センター（編）（二〇一二）『生成する大学教育学』、一六五―二一六頁、ナカニシヤ出版。

大野晋（一九九九）『日本語練習帳』、岩波書店。

大野晋（二〇一五）『日本語と私』、河出書房新社。

岡部光明（二〇一三）『大学生の品格 プリンストン流の教養二四の指針』、日本評論社。

岡本和夫（二〇一一）「これからの質保証」、『ＩＤＥ現代の高等教育』No.533, 一六―二二頁、ＩＤＥ大学協会。

樫本喜一（編）（二〇一一）『坂田昌一 原子力をめぐる科学者の社会的責任』、岩波書店。

梶田優（一九七六）『変形文法理論の軌跡』、大修館書店。

梶田優（一九九九）「科学としての文法論・意味論」、『上智大学外国語学部シリーズ 言語研究のすすめ』、二一一―三二二頁、上智大学外国語学部。

加藤周一（二〇〇〇）『読書術』、岩波書店。

加藤秀俊（二〇〇九）『独学のすすめ』、筑摩書房。

金子元久（二〇一六）「二〇二〇年までの課題」、佐々木 毅（編）（二〇一六）『IDE現代の高等教育』No.577、二五―二九頁、IDE大学協会。

亀井勝一郎（一九七三）『亀井勝一郎文庫5 私の読書論』、大和出版。

苅谷剛彦（二〇一二）『グローバル化時代の大学論② イギリスの大学・ニッポンの大学 カレッジ、チュートリアル、エリート教育』、中央公論新社。

苅部 直（二〇〇七）『日本の〈現代〉5 移りゆく「教養」』、NTT出版。

絹川正吉（二〇〇六）『大学教育の思想 学士課程教育のデザイン』、東信堂。

絹川正吉（二〇〇八）「学士課程教育と教養教育」、森 亘（編）（二〇〇八）『IDE現代の高等教育』No.505、一九―二三頁、IDE大学協会。

木畑洋一 他（二〇〇五）「座談会「教養と本」」、小林康夫・山本 泰（編）（二〇〇五）『教養のためのブックガイド』、六九―一一九頁、東京大学出版会。

京都大学英語学術語彙研究グループ＋研究社（二〇〇九）『京大・学術語彙データベース 基本英単語一一一〇』、研究社。

京都大学高等教育研究開発推進センター（編）（二〇一二）『生成する大学教育学』、ナカニシヤ出版。

草原克豪（二〇一〇）『大学の危機――日本は二一世紀の人材を養成しているか』、弘文堂。

小泉信三（一九六四）『読書論』、岩波書店。

小玉重夫（編）（二〇一六）『岩波講座　教育　変革への展望1　教育の再定義』、岩波書店。

小林傳司（代表）（二〇一三）『シリーズ大学４ 研究する大学―何のための知識か』、岩波書店。

小林康夫・山本泰（編）（二〇〇五）『教養のためのブックガイド』、東京大学出版会。

酒井邦嘉（二〇〇六）『科学者という仕事 独創性はどのように生まれるか』、中央公論新社。

酒井邦嘉（二〇一二）「「何を」よりも「どのように」という問題意識」、東大ＥＭＰ・横山禎徳（編）（二〇一二）『東大エグゼクティブ・マネジメント 課題設定の思考力』、一九三―二二六頁、東京大学出版会。

佐々木毅（二〇一二）『学ぶとはどういうことか』、講談社。

佐々木毅（編）（二〇一二）『ＩＤＥ現代の高等教育』No.544、ＩＤＥ大学協会。

佐々木毅（編）（二〇一三）『ＩＤＥ現代の高等教育』No.547、ＩＤＥ大学協会。

佐々木毅（編）（二〇一五）『ＩＤＥ現代の高等教育』No.575、ＩＤＥ大学協会。

佐々木毅（編）（二〇一六）『ＩＤＥ現代の高等教育』No.577、ＩＤＥ大学協会。

佐藤彰一（二〇一一）「人文系大学院の「危機」」、森亘（編）（二〇一一）『ＩＤＥ現代の高等教育』No.532、三六―三九頁、ＩＤＥ大学協会。

佐藤学（二〇一六）「教育改革の中の学校」、小玉重夫（編）（二〇一六）『岩波講座　教育　変革への展望１　教育の再定義』、一五一―一七〇頁、岩波書店。

杉谷祐美子（編）（二〇一一）『リーディングス 日本の高等教育――２　大学の学び 教育内容と方法』、玉川大学出版部。

須藤靖・伊勢田哲治（二〇一三）『科学を語るとはどういうことか――科学者、哲学者にモノ申す』、河出書房新社。

清家篤（二〇一三）「学生のためにという視点で」、佐々木毅（編）（二〇一三）『ＩＤＥ現代の高等教育』No.547、二七―三一頁、ＩＤＥ大学協会。

ジャレド・ダイアモンド／ノーム・チョムスキー／オリバー・サックス／マービン・ミンスキー／トム・レイトン／ジェームズ・ワトソン／吉成真由美（インタビュー・編）（二〇一二）『知の逆転』、NHK出版。

大学審議会答申（一九九八）『二一世紀の大学像と今後の改革方策について――競争的環境の中で個性が輝く大学――』

高木仁三郎（二〇〇〇）『原発事故はなぜくりかえすのか』、岩波書店。

高橋由典（二〇一三）「教養教育について今考えること」、安達千李 他（編）（二〇一三）『ゆとり京大生の大学論 教員のホンネ、学生のギモン』、五二―五六頁、ナカニシヤ出版。

竹内洋（二〇〇三）『教養主義の没落 変わりゆくエリート学生文化』、中央公論新社。

竹内洋（二〇〇八）『学問の下流化』、中央公論新社。

竹内洋（二〇一六）「学長アンケートにみる大学の悲鳴 一省功成りて万骨枯る」、『中央公論』2月号、三〇―三三頁、中央公論新社。

竹蓋幸生・水光雅則（編）（二〇〇五）『これからの大学英語教育――CALLを活かした指導システムの構築――』、岩波書店。

中央教育審議会答申（二〇〇二）『新しい時代における教養教育の在り方について』。

中央教育審議会答申（二〇〇五）『我が国の高等教育の将来像』。

中央教育審議会答申（二〇〇五）『新時代の大学院教育――国際的に魅力ある大学院教育の構築に向けて』。

中央教育審議会答申（二〇〇八）『学士課程教育の構築に向けて』。

中央教育審議会答申（二〇一一）『グローバル化社会の大学院教育～世界の多様な分野で大学院修了者が活躍するために～』。

中央教育審議会答申（二〇一二）『新たな未来を築くための大学教育の質的転換に向けて～生涯学び続け、主体的に考える力を育成する大学へ～』。

中央教育審議会大学分科会大学院部会（二〇一五）『大学院教育改革の推進について～未来を牽引する「知のプロフェッショナル」の育成～（案）』。

ノーム・チョムスキー（二〇一一）『生成文法の企て』（福井直樹・辻子美保子訳）、岩波書店。

ノーム・チョムスキー（二〇一五）『我々はどのような生き物なのか――ソフィア・レクチャーズ』（福井直樹・辻子美保子訳）、岩波書店。

鶴見俊輔（二〇一〇）『教育再定義への試み』、岩波書店。

鶴見俊輔・小田実（二〇一一）『オリジンから考える』、岩波書店。

鶴見俊輔・関川夏央（二〇一五）『日本人は何を捨ててきたのか　思想家・鶴見俊輔の肉声』、筑摩書房。

寺﨑昌男（二〇一〇）『大学自らの総合力　理念とFDそしてSD』、東信堂。

東大EMP・横山禎徳（編）（二〇一二）『東大エグゼクティブ・マネジメント　課題設定の思考力』、東京大学出版会。

戸田山和久（二〇一一）『「科学的思考」のレッスン　学校で教えてくれないサイエンス』、NHK出版。

苫野一徳（二〇一一）『どのような教育が「よい」教育か』、講談社。

朝永振一郎（一九七九）『物理学とは何だろうか下』、岩波書店。

マーチン・トロウ（一九七六）『高学歴社会の大学――エリートからマスへ――』（天野郁夫・喜多村和之訳）、東京大学出版会。

中村桂子（二〇一三）『科学者が人間であること』、岩波書店。

中谷宇吉郎（一九五八）『科学の方法』、岩波書店。

長尾真（二〇〇一）『「わかる」とは何か』、岩波書店。

永田敬・林一雅（編）（二〇一六）『アクティブラーニングのデザイン　東京大学の新しい教養教育』、東京大学出版会。

日本学術会議（二〇一〇）『回答 大学教育の分野別質保証の在り方について』。

日本学術会議（二〇一五）「これからの大学のあり方―特に教員養成・人文社会科学系のあり方―に関する議論に寄せて」（平成二七年七月二三日、幹事会声明）。

日本学術会議 大学教育の分野別質保証推進委員会 言語・文学分野の参照基準検討分科会（二〇一二）『報告 大学教育の分野別質保証のための教育課程編成上の参照基準 言語・文学分野』。

日本学術会議 日本の展望委員会 知の創造分科会（二〇一〇）『提言 二一世紀の教養と教養教育』。

日本経済団体連合会（二〇一五）「国立大学改革に関する考え方」（平成二七年九月九日発表）。

野家啓一（二〇一三）「人文学の使命――スローサイエンスの行方」、小林傳司（代表）（二〇一三）『シリーズ大学４ 研究する大学―何のための知識か』、一六五―一九五頁、岩波書店。

野家啓一（二〇一五）「文系の危機と教養教育」、『ＩＤＥ現代の高等教育』No.575, 三三―三七頁、ＩＤＥ大学協会。

橋本武（二〇一二）『伝説の灘校教師が教える一生役立つ 学ぶ力』、日本実業出版社。

Halle, Morris (1975) Confessio Grammatici, *Language* 51.3, 525-535, the Linguistic Society of America.

広田照幸（代表）（二〇一三）『シリーズ大学５ 教育する大学――何が求められているのか』、岩波書店。

広田照幸（代表）（二〇一三）『シリーズ大学６ 組織としての大学――役割や機能をどうみるか』、岩波書店。

広田照幸（二〇一三）「序論――大学という組織をどう見るか」、広田照幸（代表）（二〇一三）『シリーズ大学６ 組織と

　してての大学―役割や機能をどうみるか』、一―二三頁、岩波書店。

広田照幸（二〇一五）『教育は何をなすべきか――能力・職業・市民』、岩波書店。

福井直樹（二〇一二）『新・自然科学としての言語学 生成文法とは何か』、筑摩書房。

福田恆存（二〇一五）『人間の生き方、ものの考え方――学生たちへの特別講義』、文藝春秋。

藤本夕衣（二〇一二）『古典を失った大学――近代性の危機と教養の行方』、NTT出版。

藤原章夫（二〇一一）「グローバル化社会の大学院教育」答申の概要」、森亘（編）（二〇一一）『IDE現代の高等教育』No.532、六〇―六五頁、IDE大学協会。

藤原正彦（二〇〇六）『この国のけじめ』、文藝春秋。

カール・ポパー（一九七一）『科学的発見の論理（上）』（大内義一・森博訳）、恒星社厚生閣。

カール・ポパー（一九七二）『科学的発見の論理（下）』（大内義一・森博訳）、恒星社厚生閣。

増田四郎（一九六六）『大学でいかに学ぶか』、講談社。

増渕幸男（二〇一〇）『グローバル化時代の教育の選択 高等教育改革のゆくえ』、上智大学出版。

松下佳代（二〇一二）「大学カリキュラム」、京都大学高等教育研究開発推進センター（編）（二〇一二）『生成する大学教育学』、二五一―五七頁、ナカニシヤ出版。

三谷太一郎（二〇一三）『学問は現実にいかに関わるか』、東京大学出版会。

J・S・ミル（二〇一一）『大学教育について』（竹内一誠訳）、岩波書店。

室井尚（二〇一五）『文系学部解体』、KADOKAWA。

本川達雄（二〇一五）『生物多様性』、中央公論新社。

森亘（編）（二〇〇五）『ＩＤＥ現代の高等教育』No.466, 民主教育協会。

森亘（編）（二〇〇八）『ＩＤＥ現代の高等教育』No.505, ＩＤＥ大学協会。

森亘（編）（二〇一一）『ＩＤＥ現代の高等教育』No.532, ＩＤＥ大学協会。

森亘（編）（二〇一一）『ＩＤＥ現代の高等教育』No.533, ＩＤＥ大学協会。

文部科学大臣通知（二〇一五）「国立大学法人等の組織及び業務全般の見直しについて」（平成二七年六月八日、各国立大学法人に対して通知）。

山内祐平（二〇一六）「アクティブラーニングの理論と実践」、永田敬・林一雅（編）（二〇一六）『アクティブラーニングのデザイン　東京大学の新しい教養教育』、一五―三九頁、東京大学出版会。

山折哲雄・赤坂憲雄（二〇一一）『反欲望の時代へ 大震災の惨禍を越えて』、東海教育研究所。

山上浩二郎（二〇一三）『検証 大学改革 混迷の先を診る』、岩波書店。

山田礼子（二〇一二）『学士課程教育の質保証へむけて――学生調査と初年次教育からみえてきたもの』、東信堂。

湯川秀樹（二〇一五）『科学を生きる 湯川秀樹エッセイ集』（池内了編）、河出書房新社。

湯川秀樹・梅棹忠夫（二〇一二）『人間にとって科学とはなにか』、中央公論新社。

吉田文（代表）（二〇一三）『シリーズ大学１ グローバリゼーション、社会変動と大学』、岩波書店。

吉田文（二〇一三）「グローバリゼーションと大学」、吉田文（代表）（二〇一三）『シリーズ大学１ グローバリゼーション、社会変動と大学』、一五―四二頁、岩波書店。

吉見俊哉（二〇一一）『大学とは何か』、岩波書店。

吉見俊哉（二〇一三）「大学に、未来はあるか？――討議のための素描」、広田照幸（代表）（二〇一三）『シリーズ大学

5　教育する大学――何が求められているのか』、一五三―一八二頁、岩波書店。
吉見俊哉（二〇一六）『「文系学部廃止」の衝撃』、集英社。

渡辺照宏（一九六〇）「病床の読書」、大内兵衛・茅誠司（一九六〇）『私の読書法』、一四一―一五二頁、岩波書店。

渡部信一（二〇一三）『日本の「学び」と大学教育』、ナカニシヤ出版。

[マ行]

[ヤ行]

[ラ行]

[ワ行]

[ヤ行]

[ラ行]

[ワ行]

人名索引

[欧字]

[ア行]

［ナ行］

［ハ行］

［マ行］

［タ行］

［サ行］

事項索引

著者紹介

山田　宣夫（やまだ　のりお）

1947年（昭和22年）、北海道に生まれる。言語学・英語学専攻。博士（文学）。筑波大学名誉教授。73年、東京教育大学文学部文学科英語学・英文学専攻卒業。75年、同大大学院文学研究科修士課程修了。山形大学教育学部助教授、筑波大学大学院人文社会科学研究科文芸・言語専攻教授、同大第一学群長、（初代）人文・文化学群長、筑波大学特命教授などを経て、現在、目白大学外国語学部教授、外国語学部長。

著書

『英文法への誘い』（1995年、共著、開拓社）

『Contemporary Linguistic Analysis Ⅱ：An Introduction（現代言語学入門Ⅱ）』（1998年、共著、松柏社）

『言語研究入門—生成文法を学ぶ人のために』（2002年、共著、研究社）

『音声学基本事典』（2011年、共著、勉誠出版）

など

大学教育の在り方を問う

2016年9月10日　初版 第1刷発行　〔検印省略〕

定価はカバーに表示してあります。

／発行者 下田勝司　印刷・製本／中央精版印刷

東京都文京区向丘1-20-6　郵便振替00110-6-37828

〒113-0023　TEL (03) 3818-5521　FAX (03) 3818-5514

発行所　株式会社 東信堂

Published by TOSHINDO PUBLISHING CO., LTD.

1-20-6, Mukougaoka, Bunkyo-ku, Tokyo, 113-0023, Japan

E-mail : tk203444@fsinet.or.jp http://www.toshindo-pub.com

ISBN978-4-7989-1382-7　C3037　

東信堂

転換期を読み解く—潮木守一時評・書評集	潮木守一	二六〇〇円
大学再生への具体像〔第2版〕	潮木守一	二四〇〇円
フンボルト理念の終焉？—現代大学の新次元	潮木守一	二五〇〇円
いくさの響きを聞きながら—横須賀そしてベルリン	潮木守一	二四〇〇円
「大学の死」、そして復活	絹川正吉	二八〇〇円
大学教育の思想—学士課程教育のデザイン	絹川正吉	二八〇〇円
大学教育の在り方を問う	山田宣夫	二三〇〇円
北大 教養教育のすべて—エクセレンスの共有を目指して	小笠原正明・安藤厚・細川敏幸編著	二四〇〇円
国立大学法人の形成	大﨑仁	二六〇〇円
国立大学・法人化の行方—自立と格差のはざまで	天野郁夫	三六〇〇円
大学は社会の希望か—大学改革の実態からその先を読む	江原武一	二〇〇〇円
転換期日本の大学改革—アメリカと日本	江原武一	三六〇〇円
大学の管理運営改革—日本の行方と諸外国の動向	江原武一・杉本均編著	三六〇〇円
新自由主義大学改革—国際機関と各国の動向	細井克彦編集代表	三八〇〇円
新興国家の世界水準大学戦略—世界水準をめざすアジア・中南米と日本	米澤彰純監訳	四八〇〇円
東京帝国大学の真実—日本近代大学形成の検証と洞察	舘昭	四六〇〇円
原理・原則を踏まえた大学改革を—場当たり策からの脱却こそグローバル化の条件	舘昭	二〇〇〇円
改めて「大学制度とは何か」を問う	舘昭	一〇〇〇円
原点に立ち返っての大学改革	舘昭	一〇〇〇円
大学の責務	立川明・坂本辰朗・井上比呂子訳 D・ケネディ著	三八〇〇円
大学の自己変革とオートノミー—点検から創造へ	寺﨑昌男	二五〇〇円
大学教育の創造—歴史・システム・カリキュラム	寺﨑昌男	二五〇〇円
大学教育の可能性—教養教育・評価・実践	寺﨑昌男	二五〇〇円
大学は歴史の思想で変わる—FD・評価・私学	寺﨑昌男	二八〇〇円
大学改革 その先を読む	寺﨑昌男	一三〇〇円
大学自らの総合力—理念とFD そしてSD	寺﨑昌男	二〇〇〇円
大学自らの総合力Ⅱ—大学再生への構想力	寺﨑昌男	二四〇〇円

〒113-0023　東京都文京区向丘 1-20-6　TEL 03-3818-5521　FAX03-3818-5514　振替 00110-6-37828
Email tk203444@fsinet.or.jp　URL:http://www.toshindo-pub.com/

※定価：表示価格（本体）＋税